统计学关我什么事

生活中的极简统计学

［日］小岛宽之 著　罗梦迪 译

北京时代华文书局

图书在版编目（CIP）数据

统计学关我什么事：生活中的极简统计学 /（日）小岛宽之著；罗梦迪译 . -- 北京：北京时代华文书局，2018.4（2025.10 重印）-- ISBN 978-7-5699-2304-9

Ⅰ.①统… Ⅱ.①小…②罗… Ⅲ.①统计学－通俗读物 Ⅳ.① C8-49

中国版本图书馆 CIP 数据核字 (2018) 第 055781 号

KANZEN DOKUSHU BAYES TOKEIGAKU NYUMON by HIROYUKI KOJIMA

Copyright @ 2015 HIROYUKI KOJIMA Chinese (in simplified character only) translation copyright @ 2022 by Beijing Time-Chinese Publishing House Co., Ltd. All rights reserved. Original Japanese language edition published by Diamond, Inc. Chinese (in simplified character only) translation rights arranged with Diamond, Inc through BARDON-CHINESE MEDIA AGENCY.

北京市版权著作权合同登记号 字：01-2022-3362

TONGJIXUE GUAN WO SHENMESHI:SHENGHUO ZHONG DE JIJIAN TONGJIXUE

出 版 人：陈 涛
责任编辑：樊艳清
装帧设计：红杉林文化 嘉承设计
责任印制：刘 银
出版发行：北京时代华文书局 http://www.bjsdsj.com.cn
　　　　　北京市东城区安定门外大街 138 号皇城国际大厦 A 座 8 层
　　　　　邮编：100011 电话：010-64263661 64261528

印　　刷：三河市兴博印务有限公司
开　　本：710 mm×1000 mm 1/32　　成品尺寸：145 mm×210 mm
印　　张：8.25　　　　　　　　　　　字　　数：180 千字
版　　次：2018 年 6 月第 1 版　　　　印　　次：2025 年 10 月第 8 次印刷
定　　价：48.00 元

版权所有，侵权必究
本书如有印刷、装订等质量问题，本社负责调换，电话：010-64267955。

目录

第0讲　只要会做四则运算，便可掌握贝叶斯统计学　　001
　　本书的特点

第1部　快速学习！理解贝叶斯统计学的精髓

第1讲　信息增加导致概率变化　　008
　　"贝叶斯推理"的基本方法
　　小结020/练习题021

第2讲　贝叶斯推理的结果，有时与直觉大相径庭①　　022
　　使用客观数据时的注意事项
　　小结031/练习题032

第3讲　根据主观数字也可以进行推理　　033
　　疑惑时分的"理由不充分原理"
　　小结042/练习题043

第4讲　运用"概率的概率"，拓宽推理范围　　044
　　小结056/练习题057
　　专栏　贝叶斯是何许人也？058

第5讲 从推算过程开始，逐渐明确的
贝叶斯推理的特征　　　　　　　　　　059
　　　小结064/练习题065

第6讲 明快而严格，但其使用场合受到限制的
内曼-皮尔逊式推理　　　　　　　　　066
　　　小结070/练习题070

第7讲 通过少量信息得出切实结论的贝叶斯推理　　071
　　　与内曼-皮尔逊式推理的差异
　　　小结078/练习题079

第8讲 贝叶斯推理的基础：极大似然原理　　　　　080
　　　贝叶斯统计学与内曼-皮尔逊统计学的衔接点
　　　小结085/练习题086

第9讲 贝叶斯推理的结果，有时与直觉大相径庭②　087
　　　蒙蒂霍尔问题与三个囚犯的问题
　　　小结100/练习题100
　　　专栏 关于"幸运"的两条法则101

第10讲 掌握多条信息时的推理①　　　　　　　　102
　　　运用"独立试验的概率乘法公式"
　　　小结109/练习题109

第11讲 掌握多条信息时的推理②　　　　　　　　110
　　　以垃圾邮件过滤器为例
　　　小结119/练习题120

第12讲 在贝叶斯推理中可以依次使用信息 　　　　　　　121
　　　　"序贯理性"
　　　　小结129/练习题130

第13讲 每获得一条信息,贝叶斯推理就变得更精确一些　　131
　　　　小结142/练习题143
　　　　专栏 帮助贝叶斯复兴的学者们144

第2部 完全自学！从"概率论"到"正态分布"

第14讲 "概率"与"面积"的性质相同　　　　　　　　　146
　　　　概率论的基础
　　　　小结156/练习题156

第15讲 在获得信息之后,概率的表示方法　　　　　　　157
　　　　"条件概率"的基本性质
　　　　小结168/练习题169

第16讲 "概率分布图"帮助我们进行更加通用的推理　　170
　　　　小结180/练习题181

第17讲 "贝塔分布"的性质由两个数字决定   182
小结191/练习题191

第18讲 决定概率分布性质的"期待值"   192
小结205/练习题205
专栏 何为"主观概率"？206

第19讲 在"贝塔分布"中使用概率分布图进行高级推理   207
小结219/练习题220

第20讲 在抛硬币或天体观测时观察到的"正态分布"   221
小结229/练习题230

第21讲 在"正态分布"中使用概率分布图进行高级推理   231
小结241/练习题242
补讲 贝塔分布的积分计算243

结语 245

参考文献 248

练习题参考答案 251

第0讲

只要会做四则运算，便可掌握贝叶斯统计学
本书的特点

0-1 从零基础达到应用水平

本书是"贝叶斯统计学"的**超级入门书**。"超级"的含义：

- 从零基础开始学习
- 抛开烦琐的符号和计算过程，学习运用贝叶斯统计
- 不只是随便说说，而是毫无保留地传授知识

对贝叶斯统计学感兴趣的人不在少数。然而此前的教科书，导入部分编写浅显，中途却难度骤增，这使很多读者大受挫折。这是因为在尚未理解贝叶斯统计的本质时，就被灌输了一大堆概率符号，使得理解起来更为困难。

为了不再重蹈这样的覆辙，本书编写之时做了一些功课，具体会在下节进行说明：

0-2 仅使用面积图和简单算术

贝叶斯统计的基础是概率公式——"贝叶斯公式",它立足于"条件概率"的发展事项。"贝叶斯公式"是高等数学中很难理解的一个概念,原因有二:第一,公式复杂而不够直观;第二,条件概率在某种程度上属于"不可靠的"概念,对于思维缜密的人来说总觉得"哪里有些奇怪"。

事实上,上述第二点在贝叶斯统计中是至关重要的。因为正是这份"不可靠",才是贝叶斯统计的本质,它与便利性息息相关。后面我们会讲到,贝叶斯统计在 20 世纪初曾因为其"不可靠"而遭到批判,一度被斥于统计学之外。但由于贝叶斯统计的"不可靠"与"便利性"为表里一致的关系,"正因为不可靠才得以运用"。在一部分学者对于这种"便利性"的关注下,贝叶斯统计于 20 世纪后半期恢复了其应有的地位。在 21 世纪的今天,贝叶斯统计已经成为统计学的主流。

笔者着重考虑了这两点,在编写过程中也有所侧重,并做了如下功课。

功课 1 将不出现"贝叶斯公式"(极少一部分除外)的方针贯彻到底

以"通过面积图进行图解"的方针作为贝叶斯公式的替代。从本质上来讲,二者是相同的,然而对于大多数读者而言,图解的方式更加直观且易于理解。同时,通过"面积图"可以更清晰地看出"贝叶斯公式"的"不可靠"和"便利性"究竟体现在哪里。

功课 2 只需简单算术的计算水平即可

这意味着,只需要会做四则运算就可以掌握了,连开方和文字式计算都不需要。而且这其中的四则运算，即使是不擅长手算的人也可以借助计算器轻而易举地完成。

当然，在本书末尾会出现"贝塔分布""正态分布"这些有难度的概念。因为如果不介绍这些概念，是无法达到前文所述"毫无保留的传授"程度的。全面理解这些概念，需要用到大学的微分积分知识，这对于许多读者来说是很大的负担。因此在本书中也只能作一些相对简单的解说。

这也就是说，本书的方针——向读者灌输仅通过四则运算就能掌握的公式。这也是本书编写时所做的功课之一。在这个意义上，本书并非"充分齐全"的教材。然而如果想要"充分理解"贝叶斯统计学的人，不妨在读过本书之后再试着挑战一下专业书籍。本书的目的是抛开烦琐的数学概念，将"贝叶斯统计学隐藏的本质"剖析呈现出来。

0-3　比尔·盖茨也在关注它！贝叶斯统计在商业活动中的应用

随着因特网的普及和同步技术的发展，贝叶斯统计开始运用于商业领域。通过互联网可以实现自动收集顾客的购买和检索记录，从而推测顾客的类别。在这一点上，贝叶斯统计学完胜传统意义上的统计学。

如今，**许多互联网企业都在实际应用贝叶斯统计**。其中，微软由于很早就开始在商业活动中运用贝叶斯统计学而闻名。Windows 的操作系统帮助功能中就导入了贝叶斯统计。此外，在网上搜索"小孩病症"的时候，优先显示可靠结果的软件也已经开发出来。微软的前董事长比尔·盖茨在 1996 年曾在报纸内容中称，微软之所以在激烈的市场竞争中胜出，正是由于采用了贝叶斯统计。比尔·盖茨还在 2001 年关于基本方针的演讲中称，微软的 21 世纪战略正是贝叶斯统计战略，公开表示，已经在全世界范围内挖到了许多贝叶斯统计研究人才。该发言引起了很大关注。

谷歌搜索引擎的自动翻译系统中也引入了贝叶斯统计技术。

当然，贝叶斯统计技术在 IT 企业之外的各个领域也有着广泛应用。例如，消除传真图像中的杂音就运用了贝叶斯统计技术。此外，医疗领域的"自动诊断系统"等也需要用到贝叶斯统计。

通过阅读本书可以得知，**贝叶斯统计的优势在于，"在数据少的情况下也可以进行推测，数据越多，推测结果越准确"，以及"对所获的信息可做出瞬时反应，自动升级推测"的学习功能**。了解了这一点之后，就完全可以理解为什么贝叶斯统计是非常适合应用于高端商业的技术了。

从事商业活动的人，如果能够熟练使用贝叶斯统计，那是再好不过的。本书中的案例和解说，为这一类人群提供了很好的参考。

0-4　贝叶斯统计依存于人的心理

在 0-2 节中有提到，"贝叶斯统计在某种程度上是不可靠的"。究其原因，是由于**贝叶斯统计中所涉及的概率是"主观的"**。换言之，通过贝叶斯统计得到的概率并非客观的数值，而是依存于人的心理的主观数值。在从这个意义上讲，贝叶斯统计具备了一定的"思想"。也正是因此，注重客观性的科学界为贝叶斯统计打上了"假冒伪劣"的烙印，并导致它一度消亡。

然而，遗憾的是，关于贝叶斯统计学的绝大部分书籍中，并未对这一问题进行记载。也许是作者们不愿将其公之于众，抑或只是因为他们对此不甚了解罢了。实际上，**几乎没有一本教科书对于这个问题正面进行过阐述**。然而，所谓的"主观性"和"思想性"，才正是贝叶斯统计学的本质和它具有便利性的根本原因所在。因此，在解说贝叶斯统计学的时候，如果忽视掉这一点，是难以将贝叶斯统计学的本质传达给读者的。

本书不刻意避开贝叶斯统计的"主观性"和"思想性"，而是将这些特点展现出来进行解说，特别是对于贝叶斯统计学与传统的统计学之间的差异进行详解。希望众多读者能够为贝叶斯统计学的神奇和有趣拍手称赞。

0-5　附带简单的填空练习题，适合自学

本书沿袭之前出版的《完全自学 统计学入门》（钻石社）的编写方法，用最详尽的语言解释说明，并在每一讲之后设置简单的填空练习题。学习数学的最佳方法是做一些简单的练习题。本书中收录的练习题并非应用题的形式，而是用来对讲义内容进行巩固的，希望各位读者认真练习，加深理解。

读完这本书,您一定会产生这样的想法:

"咦?明明没有经过登山训练,却不知不觉到了山顶呢!"

那么,就让我们向着山顶,出发吧。

第 1 部

快速学习！
理解贝叶斯统计学的精髓

　　在第 1 部中，将为您解说关于"贝叶斯统计的推算应该用何种方法来思考,具有什么样的性质"的问题。解说中采用了我们身边的许多事例,如"这位顾客是来买东西，还是随便逛逛""收到的是真命巧克力？还是义理巧克力"对于读者来说，这些例子应当是很容易想象和理解的。另一方面,本书内容涉及贝叶斯统计学与"序贯理性""内曼-皮尔逊统计学"的区别，这对于贝叶斯统计学的特征，已经探讨得相当深入了。

第1讲

信息增加导致概率变化
"贝叶斯推理"的基本方法

1-1　通过贝叶斯推理来辨别"买东西的人"和"随便逛逛的人"

本讲将通过一个商业案例，为大家介绍经典的贝叶斯推理方法。

商店里的售货员最关心的问题莫过于**"这位顾客究竟是来买东西的，还是随便逛逛而已"**。真正来买东西的顾客，一般而言，比起四处逛逛看看，更倾向于在最短时间内找到自己需要的商品。另一类顾客则是这样的：一时不急着买，而是先随便问问价格，为以后购买做个参考。对待前者，作为售货员，理应为其介绍需要的商品并让其买下；而对待后者，如果同样花费时间为其推荐商品，顾客不但不会购买，反而会感到厌烦，结果适得其反。

所以对于店员来说，通过顾客的行为来揣测他们的真实想法，是一项重要的本领。很多店员可以做到：通过直觉来判断顾客属于哪一类，而这正是身为一名店员的重要工作技巧。在此，我们将这种"基于直觉的判断"数值化，从而使它可以通过计算获得。把方法编成手册，教给新店员，这就像在互联网上能够实现自动判断的 AI（人工智能）一样，是一项意义非凡的工作。

下文将具体介绍"将店员的判断方法数值化"的方法，该方法恰巧适用贝叶斯统计学。进而言之，通过该事例，我们也可以弄懂贝叶斯统计学的概念。下文将分节进行解说。

1-2 第一步：通过经验设定"先验概率"

假设一个场景：面前有一位顾客，此时你需要做的是，推测该顾客究竟是"来买东西的人"，还是"随便逛逛的人"。只有做出正确的判断，才能采取正确的接待方法。

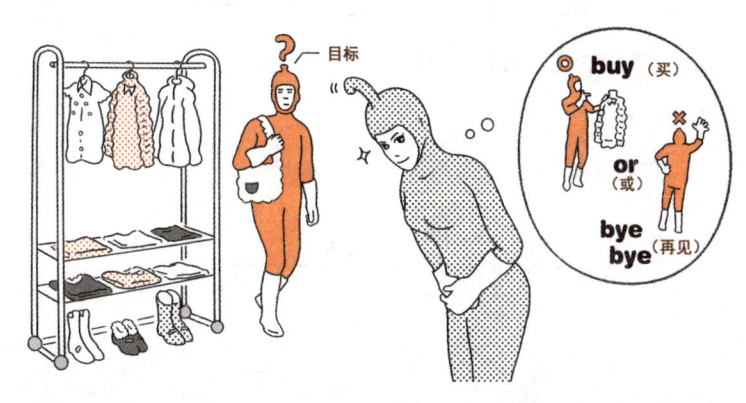

推算的第一步：将两种顾客（来买东西的顾客、随便逛逛的顾客）的比例进行数值分配。这句话的意思是：假设面前的这位顾客一定属于两种中的一种，以此为前提，该顾客为第一种或第二种的可能性分别为多少？将这个可能性用数值表示出来。

在贝叶斯统计学中，这种**"某种类别的概率（比例）"**有一个专有名词，叫作**"先验概率"**。"事前"的含义是：在获得某项信息之前。此处的"**信息**"是指：**附加的状况**，比如顾客忽然过来询问。通过"过来询问"这一信息，可以对顾客类别的**推算进行修改**，而"**先验概率**"是指，在"过来询问"或"不过来询问"的情况发生之前进行的概率判断。

通常，"先验概率"可通过经验来判断。在特殊情况下，即使没有类似经验，也可以进行判断，这部分特殊事例将在第 3 讲进行解说，此处暂且不做讨论。

根据自己的经验，每 5 位顾客中就有 1 位是"来买东西的"，也就是说，这一部分顾客占全体的 20%（0.2），那么剩下"随便逛逛"部分的比例便为 80%（0.8）。这两个数字，便是两类顾客的"**先验概率**"。

在这个事例中，在观察面前顾客的行为之前，判断"该顾客是属于概率 0.2 的买东西的人，还是概率 0.8 的随便逛逛的人"，这个过程被称为"**某一类别的先验分布**"，如**图表 1-1** 所示。

图表 1-1　先验分布：分割长方形

0.2	0.8
A 来买东西的人	**B** 随便逛逛的人

图表 1-1 中的大长方形被分割为两部分，两部分的面积所占比例分别为 0.2 和 0.8，这正是分割时的诀窍。本书将在后面逐渐阐明："**面积**"的概念在贝叶斯概率的计算中，起着重要的作用。

以上图示的方法为本书独创。希望各位读者将这幅图牢记于心，这样有助于在头脑中勾勒出贝叶斯统计学方法的大致雏形。

该图可以理解为：**将整体分为两种不同的情况**。这意味着，自己所处的环境为 A 或 B 中的一个，A 情况下的顾客为"来买东西的人"，B 情况下的顾客为"随便逛逛的人"，但不知道究竟是 A 还是 B。只是先在头脑中构筑一个大致的印象。哲学上将这种见解称为**"可能世界"**，在进行逻辑推算或概率推算时，采用这种"划分互不相同的可能性"的思维方法，有利于整理思路。

在这里将长方形的面积设定为 0.1 和 0.4，两部分的比例依然为 1:4，这与设定为 0.2 和 0.8 时的比例相同。那么，为何要将面积设置为 0.2 和 0.8 呢？这是因为，用数值来计算概率的情况下，需要在多种可能性中，选取**"将各部分概率相加，总和为 1"**的那一种，这种情况被称为**"标准化条件"**。

1-3 第二步：设置发生"向店员询问"事件的条件概率

在这一步，我们要做的是：为"来买东西的人"和"随便逛逛的人"这两类顾客分别设定"向店员询问"的概率。如果没有相关经验和数据作为支撑，这项工作是无法完成的。上一节讲到，即使没有相关经验，也可以设定先验概率。但此处的"各个分类的行动概率"，必须是基于一定的经验、实证、实验的数值。

图表 1-2 中的数值，是为了计算简便而设定的，并非真实数据。

图表 1-2　关于"向店员询问"这一行为的条件概率

类别	过来询问的概率	不过来询问的概率	
来买东西的人	0.9	0.1	→ 1
随便逛逛的人	0.3	0.7	→ 1
	↓	↓	
	1.2	0.8	

从图表 1-2 中可以看出,"来买东西的"顾客向店员询问的概率是 0.9,而"随便逛逛的"顾客向店员询问的概率只有 0.3。

需要注意的是:图表 1-2 从横向来看,0.9+0.1=1,0.3+0.7=1,两行都满足标准化条件;而纵向来看,0.9+0.3≠1,也就是说并不满足标准化条件。具体分析一下:横向的一行,表示某一类别的顾客可能采取的两种行动。比如第一行数字,表示"来买东西的人"向店员"询问"或"不询问"这两种行为,顾客有可能询问,也有可能不询问,最终采取的行动一定是其中之一,没有第三种可能性。而纵向来看,第一列数字表示,"来买东西的人"向店员询问的概率为 0.9,"随便逛逛的人"向店员询问的概率为 0.3,两个数字相加之和并不等于 1。这是因为,对象范围包含了两个不同类别的顾客,并且也没有涵盖所有的行动。

图表 1-2 中的数字,表示**"某一特定类别采取各种行动的概率"**,这在高等数学中被称为**"条件概率"**。 用"原因"的概念来解释,即**"在原因明确的情况下,某一类别采取各项行动的结果概率"**(第 15 讲中将介绍:如何用符号来表示条件概率)。

将两个类别的顾客,进一步按照"询问"和"不询问"的条件来分类,那么前文所述的两个大类别又可以细分为四个小类别,分别是:"来买东西的人询问店员""随便逛逛的人询问店员""来买东西的人不询问店员""随便逛逛的人不询问店员",如**图表 1-3** 所示。

图表 1-3　四种互不相同的可能性

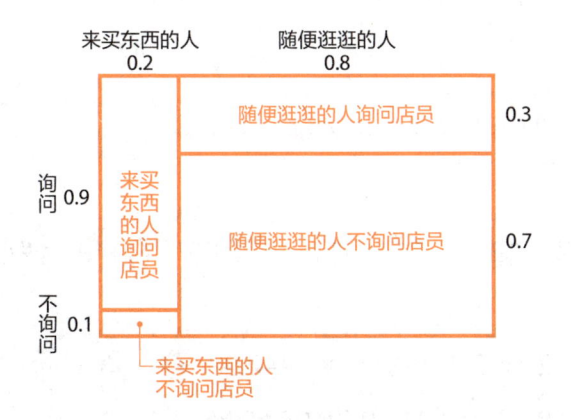

```
                来买东西的人      随便逛逛的人
                   0.2              0.8
        ┌─────────┬──────────────────────────┐
        │         │                          │
    询问 │ 来买东  │   随便逛逛的人询问店员    │ 0.3
    0.9 │ 西的人  │                          │
        │ 询问店  ├──────────────────────────┤
        │ 员      │                          │
        │         │   随便逛逛的人不询问店员  │ 0.7
    不询问│        │                          │
    0.1 └─────────┴──────────────────────────┘
          └─ 来买东西的人
             不询问店员
```

一共存在四种可能性:来买东西的人询问店员(左上区域)、来买东西的人不询问店员(左下区域)、随便逛逛的人询问店员(右上区域)、随便逛逛的人不询问店员(右下区域)。概率的具体计算方法将在第 10 讲中具体介绍,此处对于结论先进行说明:**各个区域所表示的概率与每个长方形的面积相等**。长方形的面积可以用乘法求得,如**图表 1-4** 所示。

图表1-4 四种互不相同的可能性各自所对应的概率

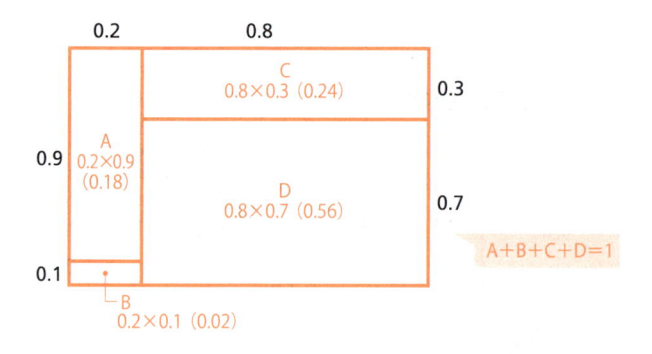

```
        0.2        0.8
     ┌─────┬──────────────────┐
     │     │        C         │ 0.3
     │     │   0.8×0.3 (0.24) │
     │  A  ├──────────────────┤
 0.9 │0.2×0.9│                │
     │(0.18)│       D         │
     │     │   0.8×0.7 (0.56) │ 0.7
     │     │                  │
     ├─────┤                  │
 0.1 │  B  │                  │
     └─────┴──────────────────┘
      0.2×0.1 (0.02)
```

A+B+C+D=1

下面我们来确认一下,这四个"可能世界"(所有可能发生的情况)的概率之和:

0.2×0.9=0.18 0.2×0.1=0.02

0.8×0.3=0.24 0.8×0.7=0.56

(0.18+0.02)+(0.24+0.56)=1

1-4 第三步:通过观察到的行为,排除"不可能的情况"

下面,让我们进一步进行推测。

作为一名店员,现在你面临的情况是:顾客上前来打招呼。这也意味着,你**观察到了顾客的某一种行为**。这为"可能世界"**又增添了一条信息**。

这条信息的内容是:"不询问店员"的可能性消失了。上一节中提到,在顾客类别包括"来买东西的人"和"随便逛逛的人"两类,顾客的行为包括"询问"和"不询问"两类的情况下,"可能世界"共分为4种。

在现实世界中，因为已经观察到了"询问"这一行为，因此"不询问"这一行为覆盖的世界就不复存在了。这意味着，"可能世界"受到了限制。下面我们借助图形来理解这一问题。(**图表 1-5**)

图表 1-5　信息导致可能性受到限制

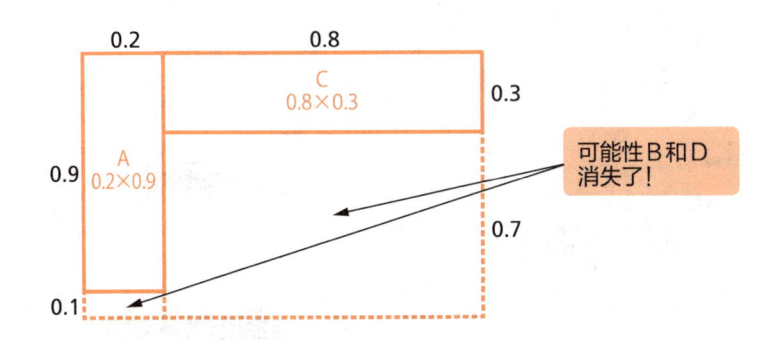

```
         0.2        0.8
      ┌─────┬──────────────┐
      │     │      C       │ 0.3
      │     │   0.8×0.3    │
      │     ├──────────────┤
      │  A  │              │
  0.9 │0.2× │              │     可能性B和D
      │ 0.9 │              │      消失了！
      │     │              │ 0.7
      │     │              │
      └─────┴╌╌╌╌╌╌╌╌╌╌╌╌╌╌┘
      0.1
```

因为"可能世界"变成了 2 个，从而我们可以推测获得新的数值。

在一部分可能性不复存在，而一部分可能性又在现实中受到了限制的情况下，会发生些什么呢？这正是所谓的——在推测中"概率发生变化"。下面通过一个简单的例子，来解释一下何为"概率的变化"。

现在，有人洗好了 52 张扑克牌摆在你面前，扑克牌背面朝上。当被问道"最上面一张扑克牌的花色是什么呢？"的问题时，如果你回答"是黑桃"的话，那么，这一推测为正确的概率是多少呢？当然，是四分之一，对吧。因为扑克牌共有四种花色，每一种花色的可能性都是相等的。

但是，如果对方背着你偷看了最上面的一张扑克牌，并告诉你"最上面一张扑克牌其实是黑色的"，结果又会怎样呢？从你的推测来看，扑克牌是红色花色的可能性自然就不存在了。当然，你的推测也可能会发生变化吧。也就是说，此时只有可能是黑桃或梅花，所以，你推测这张扑克牌的花色"是黑桃"的概率应当为二分之一。

将这个实验的来龙去脉用图来表示，如**图表** 1-6 所示。

图表 1-6　　因某种可能性消失而导致的概率变化

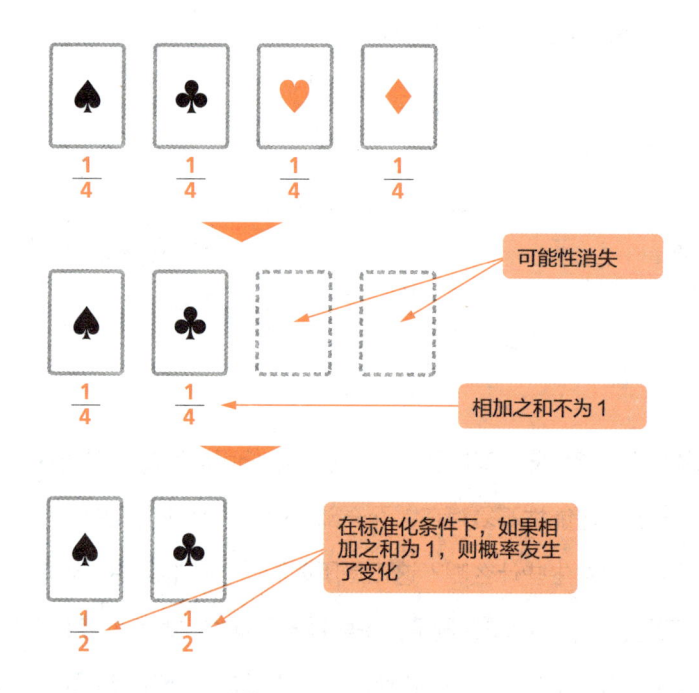

[图：四张扑克牌 ♠ ♣ ♥ ♦，各为 1/4；↓；♠ ♣ 虚框 虚框，各为 1/4，标注"可能性消失"、"相加之和不为 1"；↓；♠ ♣ 各为 1/2，标注"在标准化条件下，如果相加之和为 1，则概率发生了变化"]

最初，4 种花色的概率相加之和为 1。但是，由于红色花色的可能性不复存在，此时黑桃的概率和梅花的概率相加之和便不等于 1。为此，还是要**保持之前的比例关系**，通过恢复标准化条件（使所有情况的概率相加之和为 1），所以，花色为黑桃的概率应变更为二分之一。

1-5　第四步：寻求"来买东西的人"的"贝叶斯逆概率"

上一节，由于观察到"询问"这一行动，使得"可能世界"被限定在两个以内。也就是说，面前的顾客所属的世界，要么是"来买东西的人询问店员"，要么是"随便逛逛的人询问店员"，只有这两种可能性。显示其可能性的数值（概率），如**图表 1-7** 所示。

图表 1-7　　"不询问"的可能性消失

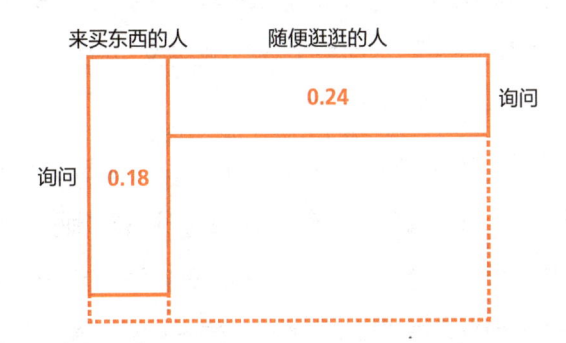

根据观察到的行为，可能性被限定为两种，此时，所有情况的概率（长方形面积）之和已经不为 1。因此，要采取上一节中用扑克牌举例的办法，保持比例关系，恢复标准化条件，从而使概率发生变化。具体如下所示：

（左边长方形的面积）：（右边长方形的面积）=0.18:0.24=3:4

简化比值，合计 3+4=7，如果按照除法计算，就会得出"相加得 1"的结果。也就是说，

（左边长方形的面积）：（右边长方形的面积）=3:4=3/7:4/7

用图表示，如**图表 1-8** 所示。

图表1-8　恢复标准化条件，计算后验概率

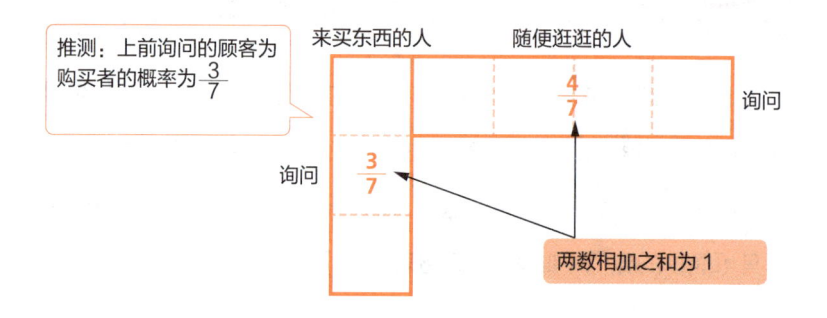

推测：上前询问的顾客为购买者的概率为 $\frac{3}{7}$

来买东西的人　随便逛逛的人

询问　$\frac{4}{7}$

询问　$\frac{3}{7}$

两数相加之和为1

从上表中我们可以看出，上前询问的顾客为购买者的概率，可以推定为3/7。这个概率，被称为**"贝叶斯逆概率"**或**"后验概率"**。

在此，对"逆概率"一词中的"逆"的含义，进行简要说明。（在之后的讲义中会逐渐进行详细说明）。

所谓的"逆"是指：用与之前相反的方法，来解析表示几个互不相同的"世界"的图形。截至上一节的观点是：顾客共分两种类别，每一种类别都会随机做出"询问"或"不询问"的行为，这一观点的前提是对图表进行纵向观察。这正是从**"类别"**这一原因，得到"行动"这一结果的处理方法。但是，现在让我们来横向观察图表。也就是说，**"上前询问"的顾客可分为"来买东西的人"和"随便逛逛的人"两种类别，从中随机选择一种**。从"询问"这一行动的结果追溯到"类别"这一原因。【结果→原因】这一过程，就是"逆概率"这一概念中"逆"的含义。

1-6　贝叶斯推理过程的总结

用图表对于之前提到的后验概率的计算方法进行总结，如**图表1-9**所示。

图表1-9　关于顾客类别的贝叶斯推理过程

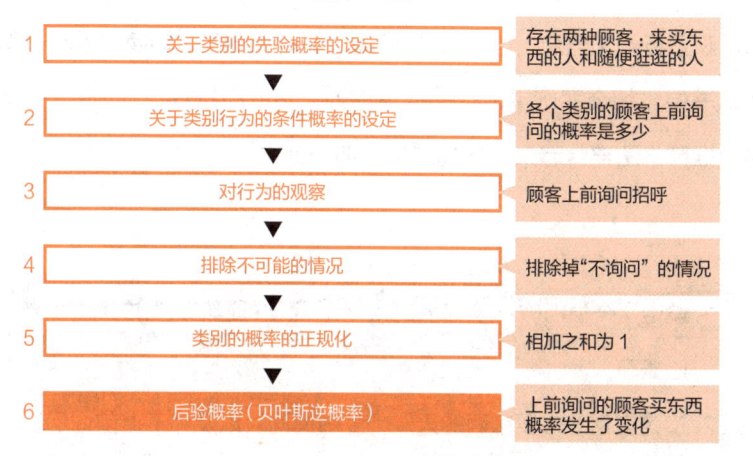

1	关于类别的先验概率的设定	存在两种顾客：来买东西的人和随便逛逛的人
2	关于类别行为的条件概率的设定	各个类别的顾客上前询问的概率是多少
3	对行为的观察	顾客上前询问招呼
4	排除不可能的情况	排除掉"不询问"的情况
5	类别的概率的正规化	相加之和为1
6	后验概率（贝叶斯逆概率）	上前询问的顾客买东西概率发生了变化

那么，通过求后验概率，我们能够了解到什么呢？其实，只要抽出图表的开头、中间和结尾部分，并填入数值，结果就很明确了。（**图表1-10**）

图表1-10　有关顾客类别的贝叶斯更新

1. 顾客是来买东西的人的先验概率=0.2
2. 观察到"询问"的行为
3. 类别为"来买东西的人"的后验概率=$\frac{3}{7} \approx 0.43$

看这个图表便可了解到，在没有观察到任何行为时，面前的顾客是"来买东西的人"的概率为0.2（先验概率），但观察到"上前询问"这一行为之后，数值便更新为约0.43（后验概率）。也就是说，虽然并不能断定这位顾客就是"来买东西的人"，但这一结果的**可能性提高到了以前的两倍**，这便是"**贝叶斯更新**"。

在本书中，上述过程称为"贝叶斯推理"。贝叶斯推理可以总结为：**通过观察行动（信息），将先验概率通过贝叶斯更新，转换为后验概率。** 在本书中，每个案例中进行的推算称为"贝叶斯推理"，而将这些案例中的推算方法整合起来，便是"贝叶斯统计学"。

> **第1讲·小结**
>
> 1. 设定两个类别（"来买东西的人"和"随便逛逛的人"）的概率（先验概率）。
> 2. 设定类别"来买东西的人""上前询问"以及"不上前询问"两种行为的概率，和"随便逛逛的人""上前询问"以及"不上前询问"的概率（条件概率）。这需要一定的经验和数据作为支撑。
> 3. 因为观察到了"上前询问"的行为，因此，可以排除掉"不上前询问"的可能性。
> 4. 使"来买东西的人上前询问"的概率和"随便逛逛的人上前询问"的概率组合，满足标准化条件。也就是说，在保持比例关系的前提下，使其相加之和等于1。
> 5. 还原标准化条件后的"来买东西的人"的概率，也就是观察到"上前询问"行为后，判断"来买东西的人"类别的后验概率。
> 6. 根据观察到的行为，先验概率更新为后验概率。这就是贝叶斯更新。

练习题

第一次练习，我们先做一个设定全部相同，只改变数值的练习吧。

先验概率的设定

顾客中，"来买东西的人"的比例占全体的 40%（0.4），"随便逛逛的人"的比例占全体的 60%（0.6）。

有关信息的条件概率的设定

下表提供了各类别的"上前询问"和"不上前询问"的条件概率。

类别	上前询问的概率	不上前询问的概率
来买东西的人	0.8	0.2
随便逛逛的人	0.1	0.9

按以下顺序，求观察到"上前询问"这一行为后，"来买东西的人"的后验概率。

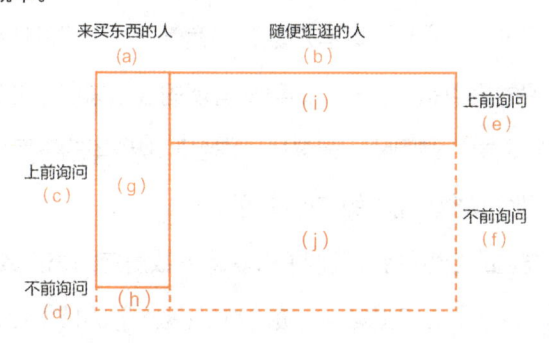

各个类别的先验概率分别为，　　　（a）=（　　　）、（b）=（　　　）
添加信息后的条件概率分别为，　　（c）=（　　　）、（d）=（　　　）
　　　　　　　　　　　　　　　　（e）=（　　　）、（f）=（　　　）
四种互不相同的情况的概率分别为，（g）=（　　　）×（　　　）=（　　　）
　　　　　　　　　　　　　　　　（h）=（　　　）×（　　　）=（　　　）
　　　　　　　　　　　　　　　　（i）=（　　　）×（　　　）=（　　　）
　　　　　　　　　　　　　　　　（j）=（　　　）×（　　　）=（　　　）

在观察到"上前询问"的 2 种情况中，恢复标准化条件，则
（g）:（i）=（　　　）:（　　　）=（　　　）:（　　　）

相加之和为 1

观察到"上前询问"的情况下，该顾客为"来买东西的人"的后验概率 =（　　　）

第2讲

贝叶斯推理的结果，有时与直觉大相径庭①
使用客观数据时的注意事项

2-1 计算罹患癌症的概率

本讲是通过一些容易获取客观数据的案例，对于贝叶斯推理进行说明。**需要了解的重点是，理解"如果从客观的数据来考虑的话，反而会容易陷入误解之中"**的问题。在这里，你会发现概率的不可思议。

下面，用医疗诊查来举例进行说明。

在医疗发达的当今社会，我们能够获得多数病症的统计数据。另外，在发觉自己出现了一定症状之前，就能够发现病情的技术也在不断发展进步。但是，依然存在一个问题：如何判断通过检查得出的"是/不是 X 病情"这一结果的准确性呢？

假设，你接受了一项"如果患了特定的癌症的话，结果有 95% 的概率为阳性的检查"，并且在之后收到了结果为阳性的报告。此时，你会判断自己患该癌症的概率为 95% 吗？

答案是"不会"。

如果"自己患癌症的概率真的为 95%"的话，你肯定会对这个结果感到非常悲观。实际上,对此做出错误判断的人大概有很多吧。但是,从"阳性"这个结果来推断"你患了癌症的概率",这也并不是一个特别高的数字。

在该推算中,由于是从"阳性"这一"结果"追溯到"患癌症"这一"原因",因此可看作贝叶斯推理的典型案例。

在本讲中,我们首先进行问题的设定。以下数据是为了简化计算而假设的虚构数值,并非真实的数据。

> **问题设定**
>
> 假设,某种特定的癌症的患病率为 0.1%(0.001)。有一个简易的方法能够检查出是否患上这种癌症:患上这种癌症的人中有 95%(0.95)的概率被诊断为阳性。但另一方面,健康人群也有 2%(0.02)的可能性被误诊为阳性。那么,如果在这个检查中被诊断为阳性的时候,实际患上这种癌症的概率为多少呢?

2-2 根据医疗数据,设定"先验概率"

该推算的顺序,与第一讲中进行的推算顺序完全相同。因为具体事例有所区别,带给各位读者的印象可能会不太一样,因此,下文将沿袭第一讲的方式,对推算的顺序进行详细说明。

这个例子的特殊性在于,先验概率是一项客观存在的流行病学数据。第一讲中已经解释过,**先验概率**,是"**在获得信息之前,各个类别的存在概率**"。在这个案例中共有两种类别:一种是"罹患癌症的人",另一种是"健康的人"。

正如问题设定中所述,这种癌症的罹患率为 0.001,因此流行病学认为，1000 人中有 1 人会罹患这种癌症。因此，如果要在检查前推测自己是否罹患这种癌症的话，如下面的**图表 2-1** 所示。

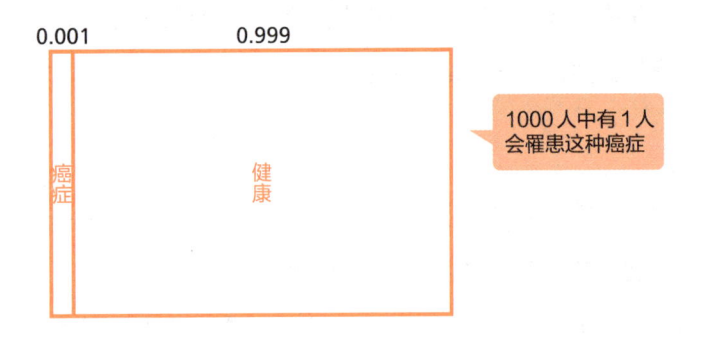

图表 2-1　根据癌症罹患率得出的先验分布

```
    0.001        0.999
  ┌─────┬──────────────────┐
  │     │                  │
  │ 癌  │      健          │
  │ 症  │      康          │
  │     │                  │
  └─────┴──────────────────┘
```

1000 人中有 1 人会罹患这种癌症

下面，重新解释一遍该图。

该图表示的是：在接受简易检查诊断之前，判断你是否罹患了癌症的可能性。你所在的世界分为左侧表示"罹患癌症"和右侧表示"身体健康"的两个"可能世界"，而你一定处在这两个可能世界中的一个当中。所以并不知道到底属于哪一个世界，仅仅是作为推测而已。也就是说，**世界分为了两个互不相同的部分（可能性分为了两种）。**

但是，并非完全没有办法来推测你究竟处在哪个"可能世界"。通过流行病学数据我们知道，这种癌症的罹患率为 0.001。也就是说，统计显示，1000 人中有 1 人罹患这种癌症，所以，这可以作为判断你是否罹患该种癌症的参考。如果直接套用的话，可以推算罹患该种癌症的概率为 0.001。也就是说，**"你究竟属于两个可能世界中的哪一个"的问题，在没有任何个人信息的情况下，属于左侧世界的概率可被推算为 0.001，属于右侧世界的概率可被推算为 0.999。**

2-3　以检查准确率为线索，设定"条件概率"

下一步就是设置为不同类别带来特定信息的**条件概率。本例中的信息是指检查结果所呈现出的阳性及阴性**。正如第一讲中所述，这一过程离不开客观数据的支撑。在本例中，就使用了与简易检查相关的客观数据。（图表2-2）

图表2-2　检查准确率的条件概率

类别	阳性概率	阴性概率
癌症患者	0.95	0.05
健康者	0.02	0.98

横向阅读这张图表可知：上面一行是癌症患者的情况，检查结果呈阳性的概率为0.95。也就是说，查出患者得了癌症的概率为95%。那么误诊的概率便是1-0.95=0.05了。这表明，每接受检查100人中，其中5人，即使身患癌症，诊断出来的结果也是阴性。

下面一行是健康者的情况，误诊为阳性的概率为2%。因此，准确诊断为阴性的概率就是1-0.02=0.98。

从上面的图表，我们可以得知，简易检查并不是那么完善，它存在着误诊的风险。所谓的风险包含了："身患癌症，却诊断为健康"和"很健康，却误诊为癌症"这两种情况。

这种概率，就是先前讲过的，在限定类别场合下的各个检查结果的条件概率。把各个类别作为检查结果的"原因"来看待的话，如果明确了原因（身患癌症或是健康），就可以知道结果（阳性或阴性）的概率。

上一节中共分了两个大类，根据具体信息，每个大类又被分成了两小类，如图表 2-3 所示。

图表 2-3 四种互不相同的可能性

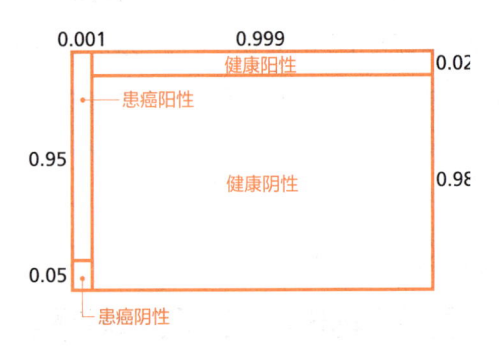

如图表 2-3 所示，你的身体内部存在四种可能性。患癌并呈现阳性（左上区域），患癌并呈现阴性（左下区域），健康状态下的阳性（右上区域）和健康状态下的阴性（右下区域）四种情况。

并且，根据各区域所表示的概率，用乘法计算，得到**图表 2-4**。

图表 2-4 四种互不相同的可能性各自的概率

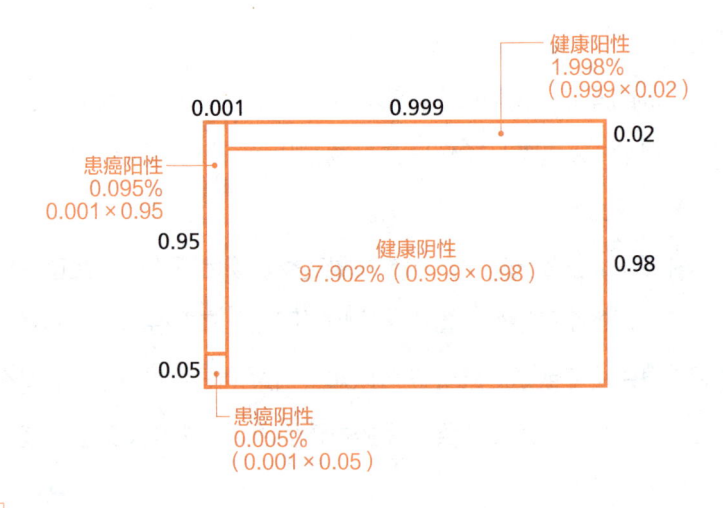

2-4 检查结果呈阳性，因而排除掉"不可能的情况"

此刻，你已经了解到自己的检查结果呈阳性。而这件事又可以这么理解：你获取一项关于自己身体内部状况的信息，也就为"可能性世界"增添了新的信息。

在现实世界中，因为观察到了"阳性"这一结果，"阴性"这一结果便可以排除了。用图形表示，如**图表 2-5** 所示。

图表 2-5 获得信息之后，可能性受到限定

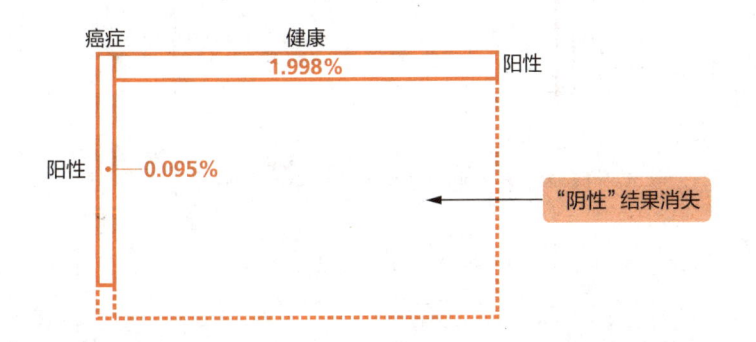

```
         癌症      健康
                  1.998%           阳性

  阳性  • 0.095%
                             ← "阴性"结果消失
```

2-5 计算罹患癌症的"贝叶斯逆概率"

在上一节中，因为观察到"阳性"这一诊断结果，因此，可能世界被限定为 2 个。也就是说，你所处的世界或是"癌症＆阳性"的世界，或是"健康＆阳性"的世界，只有这两种可能性。

对检查结果的观察，使得可能性从 4 种减少到 2 种。这样，概率相加之和（长方形的面积）无法为 1。因此，**为了恢复标准化条件，需要**

在保持比例关系的前提下,使"相加之和等于1",具体如**图表**2-6所示。

(左边长方形的面积):(右边长方形的面积)=0.095:1.998

0.095+1.998=2.093,用这个数值来分割比率的两侧的话,可以满足标准化条件(相加之和等于1)。

图表 2-6 根据标准化条件,计算后验概率

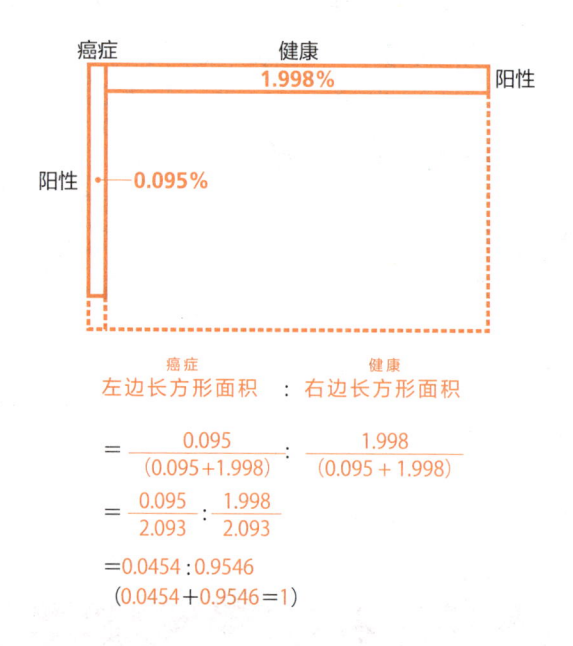

$$\begin{aligned}
&\text{左边长方形面积} : \text{右边长方形面积}\\
&= \frac{0.095}{(0.095+1.998)} : \frac{1.998}{(0.095+1.998)}\\
&= \frac{0.095}{2.093} : \frac{1.998}{2.093}\\
&= 0.0454 : 0.9546\\
&(0.0454+0.9546=1)
\end{aligned}$$

如图所示,将长方形的面积标准化处理,则为0.0454和0.9546(四舍五入,保留小数点后第四位)。请确认相加之和为1。

从这个结果可以得知,在得知"阳性"这一检查结果的情况下,罹患这种癌症的概率为4.5%左右,这便是后验概率(贝叶斯后验概率)。

2-6 贝叶斯推理过程的总结

本讲中,求癌症检查的贝叶斯逆概率的方法,可用**图表 2-7** 表示如下：

图表 2-7 罹患癌症概率的贝叶斯推理过程

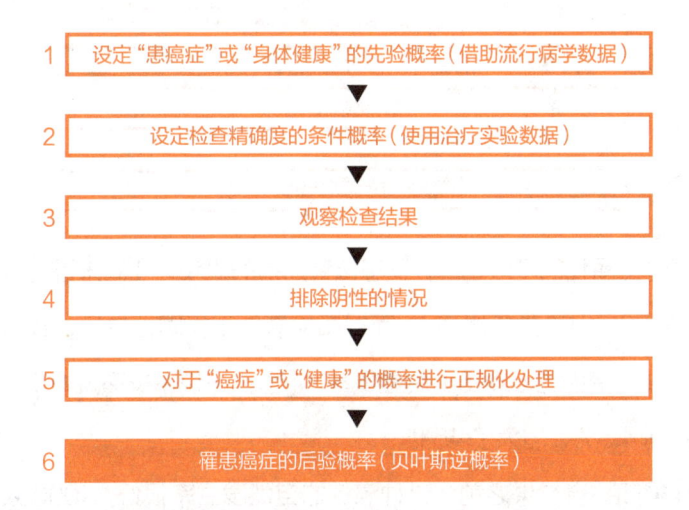

1. 设定"患癌症"或"身体健康"的先验概率（借助流行病学数据）
   ▼
2. 设定检查精确度的条件概率（使用治疗实验数据）
   ▼
3. 观察检查结果
   ▼
4. 排除阴性的情况
   ▼
5. 对于"癌症"或"健康"的概率进行正规化处理
   ▼
6. 罹患癌症的后验概率（贝叶斯逆概率）

那么，在求罹患癌症的后验概率的过程中，我们能够发现什么呢？这个问题，也是本讲最重要的内容所在。

首先，请注意本讲开头提出的问题——"如果在准确度为 95% 的癌症检查中，你的检查结果呈阳性，那么，你患癌症的概率是否为 95%？"**答案是否定的**。别说 95% 了，实际上只有 4.5%。不过在这个意义上讲，倒不必过度悲观。

至于为何概率会如此之低，原因在于，**患癌症的可能性本来就极其微小，健康人群中所占的比例远高于患癌症的人，健康人被误诊为阳性的可能性也很大，这一部分数值不能忽视**。因此，即便检查结果呈阳性，也有很极大的可能性是健康人被误诊。所以，千万不要过度悲观。

不过，即便如此，也不能完全放心。关于这一点，看一看表示先验概率和后验概率的**图表 2-8** 就清楚了。

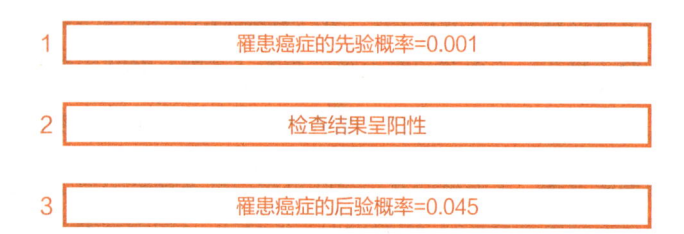

图表 2-8　关于癌症检查的贝叶斯更新

1. 罹患癌症的先验概率=0.001
2. 检查结果呈阳性
3. 罹患癌症的后验概率=0.045

通过上图我们可以看出，罹患该种癌症的概率，在尚未进行观察的情况下为 0.001（先验概率）；而得知检查结果呈阳性之后，数值便发生了更新，变为约 0.045（后验概率）。也就是说，概率从 0.1% 一下子上升到 4.5%，增大了 45 倍。

在得知检查结果之前，该种癌症的自然发生率很低，1000 人中只有 1 个人有可能患病；而得知检查结果呈阳性之后，概率骤然提高，20 个人中就有 1 个人有可能患病。这绝对是不容小觑的事情。

在类似以上的推算过程中，如果想要深刻理解后验概率的话，需要每天进行练习。在阅读本书的过程中，请读者朋友们多加练习。

第2讲·小结

1. （借助流行病学数据）设定"癌症"、"健康"的先验概率。
2. 设定癌症检查的敏感度。也就是设定癌症患者检查结果为阳性或阴性的条件概率，以及健康人检查结果为阳性或阴性的条件概率（使用治疗数据）。
3. 由于检查结果呈"阳性"，因此暂不考虑"阴性"情况。
4. 对"癌症＆阳性"的概率与"健康＆阳性"的概率数值，恢复标准化条件（保持之前的比例关系，使相加结果为1）
5. 标准化条件下的"癌症＆阳性"的数值，即为检查结果为阳性的患者实际患癌的时候概率（贝叶斯逆概率）。
6. 在观察检查结果后，先验概率更新为后验概率（贝叶斯更新）。

第2讲 贝叶斯推理的结果，有时与直觉大相径庭㊀ 使用客观数据时的注意事项

> **练习题**

假设现在是流感流行期,由于高烧而前来医院就诊的患者中,有70%患的是流感,30%患的是普通感冒。通过流感检测工具检查出来的阳性-阴性概率总结于以下表格中。

类别	阳性概率	阴性概率
流感	0.8	0.2
非流感	0.1	0.9

此时,通过以下步骤来推测,在流感检测工具上显示阳性时患流感的概率,以及显示阴性时未患流感的概率。

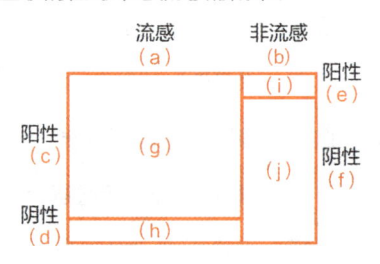

```
              流感      非流感
              (a)       (b)
           ┌─────────┬──────┐
           │         │ (i)  │ 阳性
     阳性  │         │      │ (e)
     (c)   │  (g)    ├──────┤
           │         │ (j)  │ 阴性
           │         │      │ (f)
     阴性  ├─────────┤      │
     (d)   │  (h)    │      │
           └─────────┴──────┘
```

各个类别的先验概率分别为, (a) = (　　)、(b) = (　　)
添加信息后的条件概率分别为, (c) = (　　)、(d) = (　　)
　　　　　　　　　　　　　　(e) = (　　)、(f) = (　　)
四种互不相同的情况的概率分别为, (g) = (　　) × (　　) = (　　)
　　　　　　　　　　　　　　　　(h) = (　　) × (　　) = (　　)
　　　　　　　　　　　　　　　　(i) = (　　) × (　　) = (　　)
　　　　　　　　　　　　　　　　(j) = (　　) × (　　) = (　　)
将观察结果为"阳性"的两种可能性的概率进行标准化处理,则
　(g) : (i) = (　　) : (　　) = (　　) : (　　)
　　　　　　　　　　　　　　　　　　↑　　　↑
　　　　　　　　　　　　　　　　　　相加之和为1

观察结果为"阳性"的情况下,患"流感"的后验概率 = (　　)
将观察结果为"阴性"的两种可能性的概率进行标准化处理,则
　(h) : (j) = (　　) : (　　) = (　　) : (　　)
　　　　　　　　　　　　　　　　　　↑　　　↑
　　　　　　　　　　　　　　　　　　相加之和为1

观察结果为"阴性"的情况下,患"流感"的后验概率 = (　　)

第3讲

根据主观数字也可以进行推理
疑惑时分的"理由不充分原理"

3-1 推测送巧克力的女同事的心意

本讲之前所阐述的贝叶斯推理的顺序为：

（先验概率）→（条件概率）→（通过观察获取信息）→（后验概率）

第1讲和第2讲中，在设定最初的先验概率时，是以客观数据作为参考的。然而，贝叶斯推理的魅力正在于：**即使没有事前的客观数据，也能进行推算**。也就是说，**可以主观设定先验概率，进行推算**。这可以更进一步解释为：学会这个方法，才能更深刻地理解"贝叶斯推理的思想"，全面了解它的神奇和不可思议，以及奇怪和可疑之处。

下面，进行如下问题设定：

> **问题设定**
>
> 假设你是一名男性，有这样一位特殊的女同事，你很在意她是否对自己有好感。情人节那天，你收到了她送的巧克力。那么，你将如何推算"她喜欢自己"这一事件的概率呢？

读完以上问题设定，你一定会感到云里雾里，毫无头绪，甚至怀疑这样的问题究竟是否能通过数学方法来解答。

其中的关键在于，需要将"这位女同事在多大的程度上把自己当做真命天子"这一**涉及人的内心**的问题进行数值化，而这无论如何也不具有任何的客观性。第 1 讲中"顾客是不是来买东西的"，以及第 2 讲的"你是否患了癌症"的问题，多少在一定程度上可以使用统计学性质的判断方法。而这一案例要讨论的，是某位特定女同事的内心世界，而并不是"大多数普通女性是否把你当作她们的真命天子"这种统计学性质的问题（这样的问题本身就很搞笑）。

此处的设问——"认为你是真命天子的概率"中的**"概率"这一概念，让人越想越不明白**。举个其他的例子，"掷骰子丢出 1 的概率为 1/6"，**这句话可以解**释为：丢 6 次骰子，其中有一次的结果为 1。如果更谨慎一点，还可以这样解释：丢 N 次骰子，其中有 1/6 的几率结果为 1。然而，对于"她认为你是她的真命天子"这样的问题，上述解释必然是行不通的，因为这样会演变成：假设有很多位女同事，那么她们中有多少比例的人，认为你是她们的真命天子呢？这实在太滑稽了。

因此，本次的问题设定与通常情况下的统计、概率常识是有所不同的。不过，贝叶斯推理可以帮助我们解决这样的问题。这也正是贝叶斯推理的优势所在。本讲通过解释这一类问题，帮助您理解贝叶斯推理带有主观性的一个侧面。

下面，笔者将通过娱乐杂志委托笔者撰写的关于贝叶斯推理的文章来进行解说。

3-2　主观上设定你是否是"真命天子"的"先验概率"

按上节所述，这一事例的特殊性在于，通过客观统计数据无法获得先验概率。**先验概率**的概念在第一讲中曾涉及，是指：**事前能够判断的各个类别的相应概率**。在这个案例中，有两种类别：一种是"把你视为最喜欢的人"，另一种是"没有把你列入考虑范围之内"。以下，简称为"真命天子"和"无关路人"。

此例中，并没有选取大量的统计学现象来处理，而是对某个特定的女同事的心情进行推测。因此，没有数据可用于先验概率的判断。

在这种情况下，一般会采用**理由不充分原理**的方法。通过这一原理我们可以进行如下思考：因为没有证据证明女同事把你视为"真命天子"，然而也没有证据认为她把你视为"无关路人"，因此**暂且把这两种情况的概率视为相等**。即把两种情况的先验概率分别设为 0.5 和 0.5，如**图表 3-1** 所示。

图表 3-1 理由不充分原理的先验分布

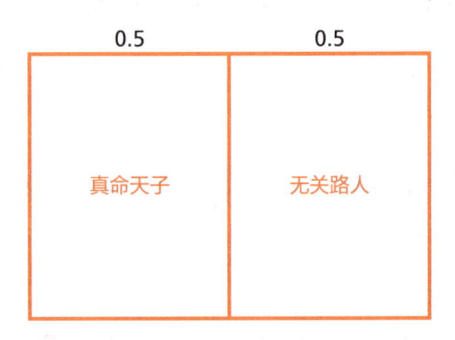

0.5	0.5
真命天子	无关路人

这张图显示的是，观察女同事收到情人节巧克力之后所采取的行为之前，你对于她来说是"真命天子"或是"无关路人"的可能性。把你存在的世界分为两部分，左边是"真命天子"的可能世界，右边是"无关路人"的可能世界。

那么，你究竟属于这两个世界中的哪一个呢？总之，答案在她的心中，你无法断定，只能推测罢了。既然统计方法无法使用，也没有证据证明哪一种更有优势，因此，两种情况的可能性理应对等划分，各为 0.5。当然，也可以划分为其他比例，这个问题将在本讲的最后进行说明。

3-3 设法找到数据，设定"条件概率"

下一步是针对能够观察到的行动，设定不同类别的条件概率，而这需要在一定程度上的客观概率。也就是说，必须要获得统计性的数据，才能进行下一步工作。

笔者在娱乐杂志上发表"判断真命天子"的文章前，曾拜托编辑对职场女性在情人节当天的行为做了问卷调查。希望通过调查得知：职场女性对真正喜欢的男性和不列为考虑对象的男性送出巧克力的概率各自为多少。编辑人员在网上发布简单的调查问卷，调查对象为职场女性，调查问题为选择题，给出了三个选项：0%、50%、100%。

对于统计结果进行分析的结果显示：职场女性对"真命天子"送出巧克力的平均概率为42.5%，对"无关路人"送出巧克力的平均概率为22%。对于"真命天子"，只有不到50%的概率送出巧克力。这令人有些意外；而对于"无关路人"，有22%的概率送出巧克力，这也令人感受到"义理巧克力"的神奇所在。不过，给"真命天子"送巧克力的概率，总归是给"无关路人"送巧克力概率的2倍，嗯，确实如此啊。

图表 3-2 显示的是条件概率。为了计算方便，抹去了零头。

类别	送出巧克力的概率	不送巧克力的概率
真命天子	0.4	0.6
无关路人	0.2	0.8

表中的概率与第一讲、第二讲中所提到的概率相同，都是指**"某一特定类别下，各种行为的概率"**。总之，可以推算出**"了解原因（真命天子或无关路人）情况下的结果（送出或不送）的概率"**。

上一节提到的两个互不相同的世界，可以再各自细分为两个世界，最终形成四个可能世界，如图所示。**图表 3-3** 中各区域所表示的概率，也就是该区域的面积，可以通过乘法求得。

图表 3-3　四种互不相同的可能性的概率

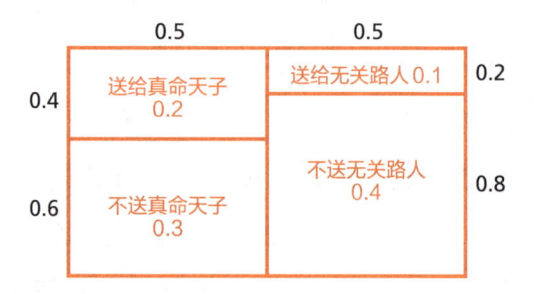

	0.5	0.5	
0.4	送给真命天子 0.2	送给无关路人 0.1	0.2
0.6	不送真命天子 0.3	不送无关路人 0.4	0.8

3-4　收到巧克力，排除掉"不可能的情况"

如今，你幸运地收到了来自心仪女同事的巧克力。这件事为你提供了关于对方心意的补充信息。

在现实世界中，因为已经发生了她给你"送巧克力"的行为，**"不送"的可能性就被排除在外**，如**图表 3-4** 所示。

图表 3-4　信息限定了可能性

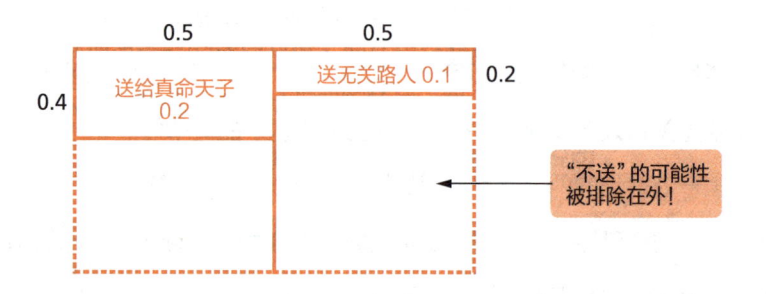

	0.5	0.5	
0.4	送给真命天子 0.2	送无关路人 0.1	0.2

← "不送"的可能性被排除在外！

根据观察女同事行为的结果来看，可能性从 4 种减少到 2 种，在维持比例关系的前提下，以"相加之和为 1"**为目标**来改变数值，恢复标准化条件。

（左边长方形的面积）:（右边长方形的面积）=0.2:0.1=2:1

因此，把两边的比例分割成 2+1=3，由此得出，
（左边长方形的面积）:（右边长方形的面积）=2:1=2/3:1/3

图表 3-5　根据标准化条件，计算后验概率

真命天子	无关路人
$\frac{2}{3}$	$\frac{1}{3}$

从结果来看，如果你收到了女同事的巧克力，那么，你成为她的"真命天子"的事后准确率便为 2/3，约等于 66%。

3-5　贝叶斯推理的过程总结

用图表来总结本讲中的贝叶斯推理的话，如**图表 3-6** 所示。

图表 3-6　"真命天子""无关路人"的贝叶斯推理过程

1. 关于"真命天子""无关路人"的先验概率的设定（由于无法获得数据，所以使用理由不充分原理，设定为可能性各占一半）
2. 关于女同事行动的条件概率的设定（利用调查数据）
3. 行动的观察
4. 可能性的消除
5. 对于各个类别的概率的正规化
6. 真命天子的后验概率（贝叶斯逆概率）

第3讲　根据主观数字也可以进行推理　疑惑时分的「理由不充分原理」

求得真命天子的后验概率，能够了解到什么呢？通过先验概率和后验概率的**图表 3-7**，我们可以找到答案。

图表 3-7 关于女同事心情的贝叶斯更新

1	你是真命天子的先验概率=0.5
3	收到了巧克力
6	你是真命天子的后验概率=$\frac{2}{3}$≈0.66

通过以上图表，我们可以了解到：收到巧克力前，两种可能性被认为各占一半，"你是她的真命天子的概率"一开始为 0.5，在收到巧克力后，上升到了约 66%。因为收到了巧克力，你的期待感与之前相比也有所提高，这是理所当然的。贝叶斯推理的便利之处在于，能够将其通过数值表现出来。不过虽然如此，但概率也只有 66% 而已，所以，还是不要抱有太高的期待。

读到这里，或许会有读者感觉，"就算是因为理由不充分，将先验概率设定为可能性各占一半，这未免太过自信了吧"。这种情况下，稍稍控制一下，谦虚一点，将真命天子的概率设为 0.4，无关路人的概率设为 0.6 也好。像这样，能够自由设定先验概率，也体现了贝叶斯推理的灵活之处。（将先验概率设定为真命天子 0.4、无关路人 0.6 时的推算，请大家在后面的习题部分进行推算练习）

3-6　计算"信念的程度"也可以使用贝叶斯推理

在本讲的最后，对于"概率"的定义进行简要说明。

我们在初中、高中阶段学习的概率，是一个客观的概念。也就是说，对于"某现象的概率是多少"的问题来说，答案是唯一的，无论是谁回答，都会给出一个唯一、客观的数值。在"掷骰子出现1的概率为六分之一"的情况下，概率表示的是：丢出这个骰子后，出现的结果为1的可能性的程度。这个答案对于所有人来说，都是相同的。

然而，本讲中提到的"概率"，并非上述的客观性概率。"女同事认为你是她真命天子的概率"这一情况下的"概率"，并不能像上述掷骰子事件的概率那样进行解释。这是因为：骰子可以丢很多次，但这位女同事是独一无二的。她认为你是真命天子还是无关路人，并不是从现在才开始发生的概率性事件，而是早已有了结论，只是你不知道罢了。

因此，"女性同事认为你是她的真命天子的概率"中的"概率"，**应当解释为：你内心描绘的类似"信念程度"这样的概念**。也就是说，并非"概率是多少"的问题，而应该理解为"你认为概率是多少"。

像这样，可以解释为"人的内心描绘的数值"的概率称为"**主观概率**"。主观概率在学校教育中并不涉及，因此，很多人会认为主观概率是不可信的。但在统计学和经济学中，"主观概率"始终占有一席之地。（参考第18讲后的专栏）

第3讲·小结

1. 设定各个类别的先验概率（由于无法获得得到数据，采用理由不充分原理，将先验概率设定为各种情况下的可能性各占一半）。
2. 设定关于行为的条件概率（运用调查数据）。
3. 根据获得的行为信息，排除不可能存在的可能性。
4. 使余下几种情况的概率数值，在保持比例关系的前提下，满足"相加之和为1"，恢复标准化条件。
5. 获得各个类别的后验概率（贝叶斯逆概率）。
6. 根据对行为的观察，将先验概率更新为后验概率（贝叶斯更新）。
7. 涉及的概率为"主观概率"。

练习题

在这里,我们采用与正文中设定相同的案例,并假设推算者稍微有点"软弱",在这个前提下进行新的推算。在正文中,将"真命天子"和"无关路人"的先验概率分别设定为各 0.5;而在这里,将其调整为成"真命天子"的先验概率为 0.4,"无关路人"的先验概率为 0.6;后面的条件都相同,关于信息的条件概率如下表所示:

类别	送出巧克力的概率	不送巧克力的概率
真命天子	0.4	0.6
无关路人	0.2	0.8

这时,请按照以下步骤,试着计算在收到巧克力这一情况下的"真命天子"概率。

```
              真命天子     无关路人
               (a)         (b)
        ┌──────────┬──────────────┐
   送出  │           │    (i)       │ 送出
   (c)  │   (g)     ├──────────────┤ (e)
        │           │              │
        ├───────────┤              │
   不送  │           │    (j)       │ 不送
   (d)  │   (h)     │              │ (f)
        └───────────┴──────────────┘
```

各个类别的先验概率分别为, (a) = (　　　)、(b) = (　　　)
添加信息后的条件概率分别为, (c) = (　　　)、(d) = (　　　)
　　　　　　　　　　　　　　 (e) = (　　　)、(f) = (　　　)
四种互不相同的情况的概率分别为, (g) = (　　　) × (　　　) = (　　　)
　　　　　　　　　　　　　　　　(h) = (　　　) × (　　　) = (　　　)
　　　　　　　　　　　　　　　　(i) = (　　　) × (　　　) = (　　　)
　　　　　　　　　　　　　　　　(j) = (　　　) × (　　　) = (　　　)
如果观察到"送出"这一行为的两种可能性的概率相加之和为 1 的话,那么
 (g):(i) = (　　　) : (　　　) = (　　　) : (　　　)

<!-- 相加之和为 1 -->

"送出巧克力"情况下的"真命天子"的后验概率 = (　　　)

第4讲

运用"概率的概率"，拓宽推理范围

4-1 第一个孩子是女儿，那么下一个孩子是男孩还是女孩？

在第1讲和第2讲中，我们运用了客观的数据来设定先验概率。接下来，在第3讲中，由于没有客观数据可用于先验概率的设定，于是我们主观地设定了先验概率。在第4讲中，将带领大家进一步了解神奇的贝叶斯推理方法。请阅读以下问题设定。

> **问题设定**
>
> 假设夫妻俩的第一个孩子是女儿。那么，接下来生的孩子依然是女儿的概率为多少？

也许你会怀疑，上述问题设定是否有实际意义？很多人会觉得，这个设问实在太模糊，以至于让人根本不知该如何作答。换句话说，人们会认为"每一次生男生女的概率各为一半。就算第一个孩子是女儿，但下一个孩子的性别与这根本无关，所以接下来依然是女儿的概率也还是0.5吧"。

事实上，笔者曾经将该问题设定的贝叶斯推理写入某本书，并收到了读者写来的表示反对的邮件。邮件内容是"我的医生朋友说，事实上，并没有容易生男孩、容易生女孩这回事，生男生女的概率都是一样的"。

当然，我知道这位读者想要表达什么，只是我认为，他并没有认真思考那本书的解说内容，他的思考始终处于停滞状态，只是一味地表示反对，对此，我感到有些遗憾。

第一，从统计学观点来看，生男生女的比率并不是各占一半的。事实上，生男孩的比率会稍微高一点。在日本，生男生女的概率比约为51:49。即使具体比率上有所差别，但"男孩的概率高一些"这一特性，是全世界共通的。不管原因如何，在生物学上，男女的出生率有着其固有的结构，因此，不能说这种现象与投硬币有着同等的概率。

第二，那位读者的医生朋友观察的是"关于多数夫妻生下来的多数孩子的样本统计"，而不是"针对某对特定的夫妻所生的孩子进行的统计"。即使人类整体在统计时呈现出51:49这样稳定的比率，但某一对特定夫妻所生孩子是男还是女的问题上，并不一定遵循这个比率。这对夫妻有其固有的特性，因此也不能否定是否存在"生女孩稍微容易一点"或"生男孩稍微容易一点"这种性向的可能性。

标准统计学（又称内曼-皮尔逊统计学）在阐明全人类范围内的男女比例这一性向问题时是有效的，但不能用来解答"特定的某一对夫妻更容易生男孩还是女孩"的问题。这是因为，如果不使用达到一定程度的大量数据，就不能运用标准统计学来推断，关于这一点，在第8讲中会进行详细的解说。理由是，对于某一对特定的夫妻，他们所生的孩子数量，并不足以用来进行统计验证；而且，在生下大量的孩子的过程中，随着年龄的增长，身体条件也会发生变化。

然而，即便是这种对于特定夫妻的生育问题的推断，**也可以使用贝叶斯推理来完成。理由在于，贝叶斯推理在某种意义上来讲是一种"宽松"的推断。**所谓的"宽松"是指：设定不可思议的先验概率，并且其数值可以是主观性的。关于这一问题设定，下文将按照明贝叶斯推理的独特顺序来进行说明。

4-2 将"概率的概率"设置为"先验概率"

首先，关键的一点在于类别的设置。在本案例中，我们需要设置的类别是"该夫妇所生的孩子为女孩的概率"，我们用 p 来记录这一概率。

有的读者可能会条件反射般地认为"概率 p 难道不应该是0.5吗？"关于这一点，在上节中已经讲过，在统计人类这一整体时，可以认为生男生女出的概率比为1:1（或近似1:1），但具体到某一对特定夫妇身上的话，就未必是这个结果了。

因此，"该夫妇所生的孩子为女孩的概率" p，可以是 0 到 1 之间的任意自然数。此时，用于表示该夫妇类别的 p 的取值范围为 $0 \leq p \leq 1$，可取的数值有无限个，并且连续分布。据此可以设置类别 p，并进行贝叶斯推理，这项工作的难度较大，具体将在第 19 讲中解说，本节仅做简要说明。

简单来说，可以**设置 3 个 p 的值，分别为** 0.6、0.5、0.4。当然了，只要满足条件 $0 \leq p \leq 1$ 的值都可以选取，并且这样做更加符合常理，而本讲为了让大家理解贝叶斯推理的特质，需要首先保证易于理解的问题，因此，只选取三个数值进行探讨。

现在我们已经将"该夫妇所生的孩子为女孩的概率" p 设置为 0.6、0.5、0.4 这三种可能，那么该夫妇一定属于这三种中的一种。也就是说，当 p=0.6 时，该夫妇生女孩的概率为 0.6，当 p=0.4 时，该夫妇生女孩的概率为 0.4。其中，前者说明"该夫妇比较容易生女孩"，后者说明"该夫妇比较容易生男孩"。当然，如果 p=0.5，那么说明"该夫妇生男生女的概率相等，各为 0.5"。

下一步要做的与以往相同，就是为这三种类别分别设置先验概率。

在这种情况下，想要判断该夫妇究竟属于哪一个类别，是完全没有任何统计数据来支持的，因此依然采用上一讲中的"**理由不充分原理**"。如图表 4-1 所示，**设置这三种类别的概率各为 1/3**。

图表 4-1 根据理由不充分原理设置的先验概率

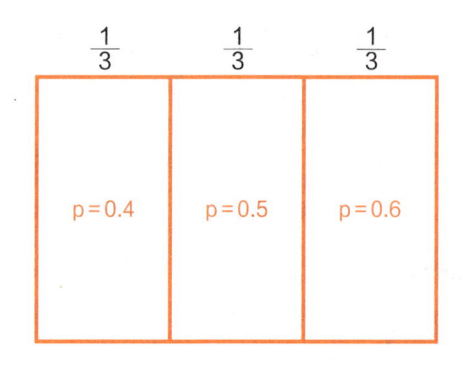

$\frac{1}{3}$	$\frac{1}{3}$	$\frac{1}{3}$
p=0.4	p=0.5	p=0.6

读到这里,作为初学者来说难以理解的一点是:为何设置"p=0.4 的先验概率"的概率为 1/3?可以这样理解:p 本身就是一个概率,那么,"p=0.4 的先验概率"的概率为 1/3,便是"**概率的概率**"。对于这种思维方式,如果不习惯的话,确实会感到混乱。

理解时的关键是,p 代表"生女孩"的概率,而先验概率 1/3 代表:**三种类别的概率 p 的值,究竟哪一个才是真实的可能性**。

换言之,先验概率表示:该夫妇属于哪一个可能世界的概率;概率 p 表示:该夫妇在各个可能世界中生女孩的概率。也就是说,这两个概率,是不同意义的。

上一讲的观点认为,类别(互不相同的可能世界)与概率是毫无关系的,而本讲中的类别则是通过概率 p 来表示的。也就是说,该夫妇"生女孩的概率"究竟为 0.4?还是 0.5?或是 0.6?我们无从得知,只能进行推测罢了。于是,运用"理由不充分原理",将每种情况的先验概率均设置为 1/3。

对了，由于从统计学的观点来看待人类整体生男生女的概率问题时，p=0.5 的可能性要远高于其他两种情况，那么，在设置先验分布时，也可以进行适当调整。例如，可以将"**生女孩的概率为 0.4**"和"**生女孩的概率为 0.6**"**这两种情况的先验概率均设置为** 0.2，而"生女孩的概率为 0.5"**的先验概率则设置为** 0.6。（关于这一点，可在习题部分进行计算练习）

关于先验概率的设置，有一点与之前的内容略有不同：之前都是设置两个类别，而这次设置了三个类别。如果能够顺利理解本讲内容，那么今后即使设置再多的类别，应该也都不成问题了。

4-3 把"生女孩的概率"直接作为"条件概率"来使用

下一步，是与以往一样，按照类别进行划分，之后，设定能够引起特定行为的条件概率。在本案例中，这一步是十分简单的，这是因为"类别"本身成为其条件概率。

譬如，如果一对夫妇属于 p=0.4 的类别，那么，这对夫妇生女孩的条件概率便为 0.4。那么，理所当然地，这对夫妇生男孩的概率则为 1-0.4=0.6。把这以计算过程用**图表 4-2** 表示出来，如下所示。

图表 4-2 这对夫妇生女孩·男孩的条件概率

类别	生女孩的概率	生男孩的概率
p=0.4	0.4	0.6
p=0.5	0.5	0.5
p=0.6	0.6	0.4

这些概率与以往的一样,都是"有特定原因时的结果的概率"。这里的原因是指,"生女孩容易"或"生男孩容易"的情况,而结果是指"生了女孩"或"生了男孩"。

图表 4-3 中分列了 3 种情况,将这 3 种情况分别再分为 2 种,最终总共分为 6 种情况。

图表 4-3　六种互不相同的可能性

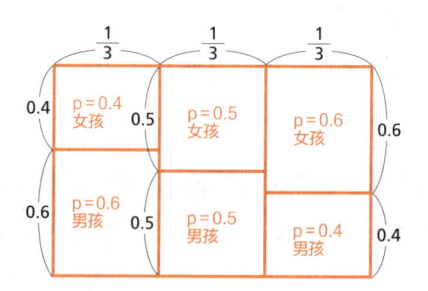

	$\frac{1}{3}$	$\frac{1}{3}$	$\frac{1}{3}$	
0.4	p=0.4 女孩	p=0.5 女孩	p=0.6 女孩	0.6
0.6	p=0.6 男孩	p=0.5 男孩	p=0.4 男孩	0.4

(中间竖线标注:0.5、0.5)

接下来,按照**图表 4-4** 把 6 种情况下的概率分别填入其中。概率与之前的计算方法相同,通过计算长方形的面积获得。虽然概率最终的表现形式是分数和小数混杂在一起,可能会看不习惯,但这样可以简化后面的计算。因此,在阅读时请予以理解。

图表 4-4　六种互不相同的可能性各自的概率

	p=0.4	p=0.5	p=0.6
女孩	$\frac{0.4}{3}$ $0.4 \times \frac{1}{3}$	$\frac{0.5}{3}$ $0.5 \times \frac{1}{3}$	$\frac{0.6}{3}$ $0.6 \times \frac{1}{3}$
男孩	$\frac{0.6}{3}$ $0.6 \times \frac{1}{3}$	$\frac{0.5}{3}$ $0.5 \times \frac{1}{3}$	$\frac{0.4}{3}$ $0.4 \times \frac{1}{3}$

4-4　第一胎已经生了女孩,因此可以排除掉"不可能的情况"

目前的事实是,这对夫妇"第一胎生了女孩"。因此,第一胎生男孩这种情况被完全排除在外,这一情况反映在**图表** 4-5 中,如下所示。

图表 4-5　根据信息限定可能性

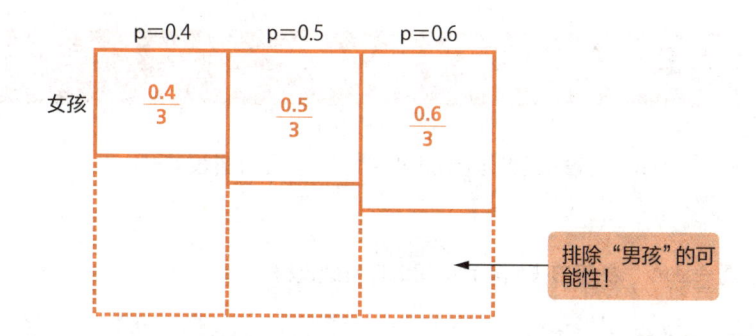

```
        p=0.4    p=0.5    p=0.6
女孩     0.4/3    0.5/3    0.6/3
```

← 排除"男孩"的可能性!

现在已知,这对夫妇所生的第一个孩子是女孩,那么可能性便从 6 种减少到 3 种。换言之,这对夫妇属于 3 种情况中的其中一种。接下来,与之前一样,在保持原有的比例关系的基础上,使相加之和为 1,恢复到标准化条件。

(左边长方形的面积):(中间长方形的面积):(右边长方形的面积)

=0.4/3 : 0.5/3 : 0.6/3

=0.4 : 0.5 : 0.6

=4 : 5 : 6

计算比例时,用 4+5+6=15 这一数字来进行除法运算,使之恢复到"相加之和为 1"的状态。

(左边长方形的面积):(中间长方形的面积):(右边长方形的面积)

=4/15 : 5/15 : 6/15

=4/15 : 1/3 : 2/5

根据上述比例可计算出，后验概率为：

概率为 p=0.4 的后验概率 =4/15 ≈ 0.27

概率为 p=0.5 的后验概率 =1/3 ≈ 0.33

概率为 p=0.6 的后验概率 =2/5=0.4

4-5 贝叶斯推理的过程总结

本讲中介绍的推理方法可用图解总结为**图表 4-6**。

图表 4-6　关于该夫妇类别的贝叶斯推理过程

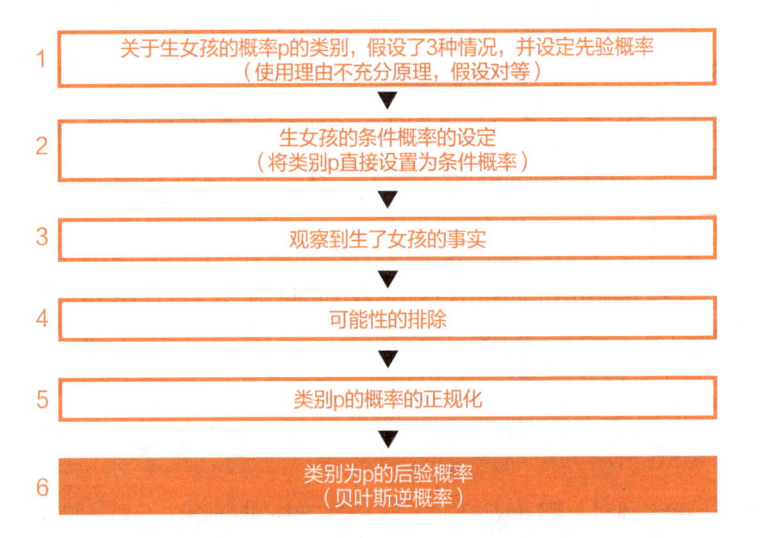

1	关于生女孩的概率 p 的类别，假设了3种情况，并设定先验概率（使用理由不充分原理，假设对等）
2	生女孩的条件概率的设定（将类别p直接设置为条件概率）
3	观察到生了女孩的事实
4	可能性的排除
5	类别p的概率的正规化
6	类别为p的后验概率（贝叶斯逆概率）

从求取类别 p 的后验概率的过程中，我们能够明白些什么呢？只要看一看关于先验概率和后验概率的**图表 4-7**，就能够自然而然地明白了。

图表 4-7　关于该夫妇类别的贝叶斯更新

```
1  ┌─────────────────────────────────────────┐
   │   类别p=0.4的先验概率=0.33              │
   │   类别p=0.5的先验概率=0.33              │
   │   类别p=0.6的先验概率=0.33              │
   └─────────────────────────────────────────┘
                     ▼
2  ┌─────────────────────────────────────────┐
   │                生了孩子                  │
   └─────────────────────────────────────────┘
                     ▼
3  ┌─────────────────────────────────────────┐
   │   类别p=0.4的后验概率=0.27              │
   │   类别p=0.5的后验概率=0.33              │
   │   类别p=0.6的后验概率=0.4               │
   └─────────────────────────────────────────┘
```

从该图解可以了解到：在生女孩之前，我们可以认为这 3 个类别的可能性都是对等的，概率分配均为 0.33。但是，由于之后增加了"生了女孩"的信息，后验概率就变得不再对等了。p=0.5 这一概率虽然仍为 0.33，但 p=0.4 这一概率由 0.33 减少到 0.27，而 p=0.6 这一概率则由 0.33 上升到 0.4。即，**与在增加"生了女孩"这个信息前相比，增加"生了女孩"这个信息之后，推算结果转变为"这对夫妇生女孩相对比较容易"。**

接下来，需要指出的是，在这个案例中，**客观概率**与**主观概率**实际上是混在一起的。表示类别的概率 p 是一个客观概率。p=0.4 的含义可以解释为：譬如由这对夫妇来投一枚硬币，正面朝上的概率为 0.4，而他们抛出了结果为"女孩"，即概率为 0.4 的这一面。这个结果对于任何人来说，都是一个客观的概率。另一方面，先验概率和后验概率是依存于推算者心理的主观概率。其实，只要想起，最初是通过"理由不充分原理"，把先验概率设定为"对等"的事实，就很容易想通了。"只能先这么办了，暂时就先设定为对等吧"，这也意味着**"概率"其实也是一种基于个人心里的想法**，用"主观"本身这个词来解释这一现象，应该还是比较贴切的吧。

4-6 在计算"第二胎生女孩的概率"时,使用"期待值"

我们通过计算得到的后验概率为:

(类别 p=0.4 的后验概率)=0.27

(类别 p=0.5 的后验概率)=0.33

(类别 p=0.6 的后验概率)=0.4

以上数值为各个类别的概率,换言之,也就是"概率的概率"。数值分为 3 部分、内容详细,十分难得。但是,它并不能作为"第二胎生女孩的概率是多少"这个问题的答案。于是,让我们最后再来了解一下该如何回答这个问题吧。

在求"这对夫妇第二胎生女孩的概率"时,需要用到"平均值"这一概念。由于这也是概率方面的平均值,专业上把这个数值称为"**期待值**"。关于期待值的具体内容将会在第 18 讲进行详细介绍,在这里暂且用图解的方式,对其含义进行简单说明。

首先,在表示所有可能发生的情况(生了女孩的情况)的长方形中,画出填入了后验概率的图。这个图由 3 个长方形构成的。左边的长方形:纵向长度为类别 p=0.4、横向长度为其后验概率 0.27。正中的长方形:纵向长度为类别 p=0.5、横向长度为其后验概率 0.33。右边的长方形:纵向长度为类别 p=0.6、横向长度为其后验概率 0.4。因此,各个长方形的面积如下:

左边的长方形→ 0.4 × 0.27=0.108

正中的长方形→ 0.5 × 0.33=0.165

右边的长方形→0.6×0.4=0.24

对于这 3 个长方形，需要画出一个使横向长度之和与面积之和一致的长方形，即虚线长方形。这个长方形，横边的长度刚好等于 1。其理由是，由于 3 个长方形的横边长度为各类别的后验概率，根据标准化条件进行相加，其结果为 1。因此，虚线长方形的纵向边长的长度，与 3 个长方形的面积之和完全一致。这是"把类别平均化的数值"，即为"类别的期待值"（**图表** 4-8）

图表 4-8 计算类别的平均值

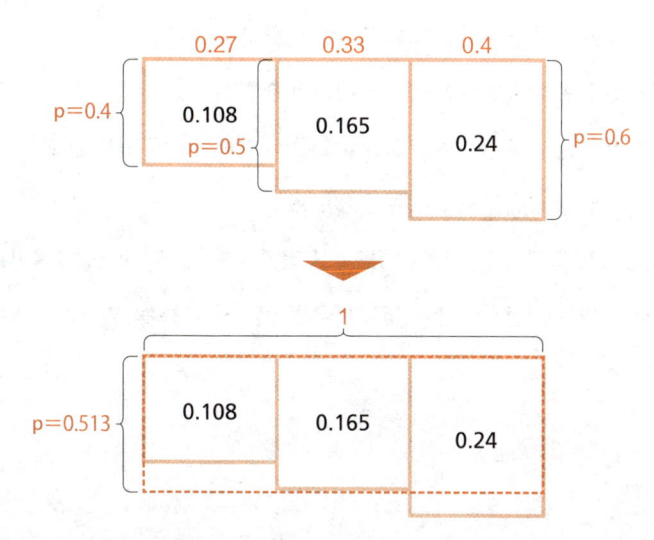

具体的计算过程如下所示：

（P 的期待值）=0.4×0.27+0.5×0.33+0.6×0.4

=0.108+0.165+0.24

=0.513

因此，若把这对夫妇的类别（生女孩的概率）进行平均化，则得到结果 0.513。这也能够成为解释"**这对夫妇第二胎生女孩的概率**"的理由。在第 19 讲中，会针对"满足类别 $0 \leq p \leq 1$ 中所有 p 的设定"的例子进行说明。

第 4 讲 · 小结

1. 用概率设定类别，设定其先验概率（因为无法获得数据，而采用了理由不充分原理将其设定为对等）。先验概率是"概率的概率"。

2. 设定条件概率（设定类别概率本身即可）。

3. 通过获得的信息（生了女孩）中，排除掉所有不可能的情况。

4. 关于剩余情况下的概率数值，恢复标准化条件。

5. 获得有关类别的后验概率（贝叶斯逆概率）。

6. 根据获得的信息，先验概率更新为后验概率（贝叶斯更新）。

7. 先验概率和后验概率都是主观概率。

8. 因为获得了各个类别（由概率来表现）的概率，通过将其平均化（求期待值），来求类别的平均值。这正是第二胎为女孩的概率。

练习题

本文将所有的先验概率都设定为均等数值，但这似乎不太妥当。比起其他可能性，p=0.5的可能性显然更大。因此，我们在此改变一下先前的设定，将先验概率分为以下三类：

类别p=0.4的概率→0.2
类别p=0.5的概率→0.6
类别p=0.6的概率→0.2

在此条件下，求以下过程中的后验概率。

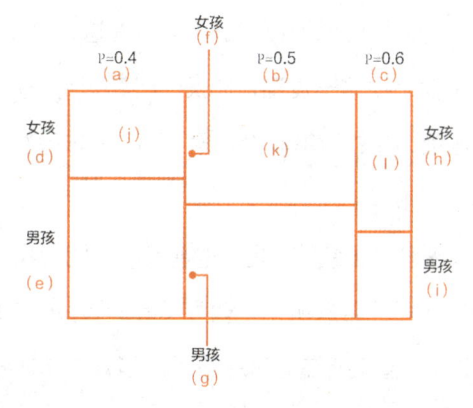

各个类别的先验概率分别为，(a)=( )、(b)=( )、(c)=( )
添加信息后的条件概率分别为，(d)=0.4，(e)=( )
(f)=0.5，(g)=( )
(h)=0.6，(i)=( )
九种互不相同的情况的下，生女孩的概率分别为，
(j) = ( ) × ( ) = ( )
(k) = ( ) × ( ) = ( )
(l) = ( ) × ( ) = ( )
如果将"生女孩"的三种情况下的概率进行标准化处理，那么
(j)：(k)：(l) = ( )：( )：( )
= ( )：( )：( )

相加之和为1

专栏 column　贝叶斯是何许人也？

发现贝叶斯逆概率的人，名为托马斯·贝叶斯，英国人，生于 1702 年，卒于 1761 年。贝叶斯曾在苏格兰的爱丁堡大学学习神学和数学。后来，他继承父业，成为一名牧师。

贝叶斯一边从事牧师的工作，一边研究数学。这并不奇怪。因为在当时，侍奉神职的人们当中，有不少人都在研究数学。

贝叶斯一生中仅写过一篇数学论文，题为《关于概率思考中某一问题的解法的考察》的。贝叶斯逆概率的起点就在这篇论文当中。但贝叶斯本人似乎并不是很重视这一发现，他长期将其搁置一旁，因而我们也无法清楚地知道这篇论文的执笔年份。据推测，应该是在 18 世纪 40 年代末的 1748 年或 1749 年。

将贝叶斯的发现公之于众的，是他的朋友——同为牧师的理查德·普莱斯。普莱斯受贝叶斯的亲戚所托，调查贝叶斯遗留下来的文献，并发现了前述的那篇论文。普莱斯在整理思路后，于 1764 年在皇家学会的《哲学纪要》上发表了这篇论文。贝叶斯逆概率自此公之于世。

然而，几乎没有人关注普莱斯的报告内容。后来，由于法国的天才数学家拉普拉斯的研究，才使得情况有所好转。拉普拉斯原本已经在天文学、物理学、数学方面取得了大量优秀成绩。在了解到贝叶斯的研究之前，他就已经写过一篇关于贝叶斯逆概率构想的较为浅显的文章。之后，他听闻普莱斯的研究，并意识到它可能会促使自己的初期研究进一步完善。1781 年左右，拉普拉斯一气呵成，将贝叶斯逆概率改编为现今公式的形式。因此也可以说，贝叶斯逆概率的发现也有拉普拉斯的功劳。

第5讲

从推算过程开始，逐渐明确的贝叶斯推理的特征

5-1　实际上，贝叶斯统计学比一般的统计学历史更为悠久

在前面的4讲中，已经对贝叶斯推理的具体方法进行了解释说明。相信各位读者对于贝叶斯推理的过程也已经有所了解。那么接下来，我为大家解说"**贝叶斯推理的逻辑构造**"的问题。

首先，特别要做的一件事是，将贝叶斯推理与标准的统计推理（称为"内曼－皮尔逊统计学"）之间的区别予以明确。内曼和皮尔逊这两位统计学家共同构筑了现代统计学的形式。还有一位名叫费希尔的统计学者，对统计学也做出了重大的贡献。因此，也有"费希尔·内曼·皮尔逊统计学"这样的名称。本书统一采用通用名称——"内曼－皮尔逊统计学"。

一般的统计学教科书中，对于内曼－皮尔逊统计学都会进行解释说明。"假说检验""区间估计"等，都是极具代表性的方法论。但令人意外的是，它的历史很短，大约完成于19世纪末到20世纪初左右。

相反，贝叶斯统计学的历史则较为悠久。创始人贝叶斯出生于18

世纪，贝叶斯推理的构想也早已于 18 世纪完成（参考第 4 讲专栏）。然而，贝叶斯推理遭到了众多学者的批判，尤其是在 19 世纪末期，由于费希尔等人的强烈批判，致使贝叶斯推理在相当长的一段时间里被学会排除在外。

到了 20 世纪中期，贝叶斯推理再次受到瞩目。萨维奇等统计学家构筑了"主观概率"的理论（参考第 13 讲专栏）。此后，在内曼 - 皮尔逊统计学的发展收获了一定成果的同时，贝叶斯统计学也随之也有了显著的发展进步。

5-2 何为推论

一般来说，"推论"是指对于尚不明确的事件，通过掌握的某些证据进行推理、并且**查明其事实的行为**。每个领域都有该领域固有的科学推论方法。

在这些方法当中，最典型的推论方法是"逻辑推论性"。这里的"逻辑性"中的"逻辑"，可以理解为数学证明题中所说的"逻辑"，也就是用简单的例子进行说明。

例如，现在你的面前放着一个壶。已知：这个壶不是 A 壶就是 B 壶，一定属于这二者之一，但是单从外观上，无法判断该壶究竟是哪一个。那么，这就是一个"不明确的事件"。另一方面，假定对于 A、B 两个壶，你还掌握了一些其他的情况：A 壶里面装了 10 个球，且全是白球；B 壶里也装了 10 个球，且全是黑球。

之后，从面前的壶中取出 1 个球，发现是黑球。那么，这个黑球就成为推测的"证据"。然而从这个证据中，我们能判断出这个壶究竟是

A 还是 B 吗?

这个推论十分简单，任何一个人都能得出"这是 B 壶"的结论。关于这个推论，不需要特别地进行解释说明，大家也一定能明白。但为了弄清楚"什么是推论"这一概念，接下来，我将为大家详细地描述一下推论的过程。

5-3 逻辑推理的过程

首先，将已知的事实关系简单明了地列举如下。

事实 1 要么是 A 要么是 B

事实 2 若是 A 则是白球

事实 3 若是 B 则是黑球

事实 4 黑球（不是白球）

那么，从这 4 个事实可以推断出"B"这个结论。当然，普通人凭借第一感觉就知道答案是 B。但是，在数学证明（逻辑演绎）中，推理方法是受到限制的，不能随心所欲。

代表性的证明方法有"自然演绎",它属于演绎系统之一。在这里,我们将自然演绎的过程设定为解答要求,特意"舍近求远"地导出结果。(关于自然演绎的定义,可以参照拙作《数学推理改变世界》NHK 出版,2012 年)

首先,设定结果为 A。从假定的 A 和事实 2 出发,可以推导出"白球"这个结论。另一方面,从事实 4 可以知道,结论为"黑球(不是白球)"。那么,"白球"和"不是白球"则自相矛盾。因此得知,A 的假定是矛盾的,正确的结果应该为"不是 A"。从"不是 A"这个结论出发,可以推导出结论为 B。

严格写出每一步推理过程,的确是非常舍近求远的推理方法。这当中所用到的演绎,都是在数学上已被严格证明(或是逻辑学上的演绎)所认可的方法,没有任何一步是跳跃性的推理。也就是说,电脑也只是通过使用能够编程出来的规则来推导结论。因此,所得出的结论均为逻辑性结论。

在这里,事实 3 并没有用于推理,这是为了与下一节内容进行比较,而提前提出罢了。

5-4　概率推理的过程

在上节的逻辑性推理之后,接下来我们来看概率推理的模板。我们需要考虑以下问题。

面前有一个壶。虽然我们知道这个壶不是 A 壶就是 B 壶,但仅从外观上,完全无法确定究竟是 A 壶还是 B 壶。同时,我们还知道:A

壶中有 9 个白球和 1 个黑球，B 壶中有 2 个白球 8 个黑球。现在，如果从壶里取出一个球，结果是黑球，那么，眼前这个壶究竟是 A 还是 B 呢？

在这个案例中，由于事实 2 和事实 3 不成立，因此上节的逻辑推理也就不再适用了。因此，需要将事实 2 改成以下列出的事实 2'，事实 3 改成以下列出的事实 3'，然后再进行推理。

事实 1 要么是 A 要么是 B

事实 2' 若是 A，则抽出的可能是白球

事实 3' 若是 B，则抽出的可能是黑球

事实 4 黑球（不是白球）

那么，从这 4 个事实中，我们可以推导出哪些结论呢。一般来说，正常人都会得出"大概是 B"这个结论吧。而现在的问题是，结论中的"大概"一词该如何解释为好呢？

通过对于"大概"一词的解释，我们能够明显地看出标准统计学（内曼-皮尔逊统计学）与贝叶斯统计学之间的立场差异。

在标准统计学的推导中，"大概是 B"这一结论，是基于"虽然可能出错，但还是确定结论为 B"的考虑而确定的。这是在了解风险的情

况下，从两种可能性中选出一种的立场。

而在贝叶斯推理中，"大概是 B"这一结论，是基于"可能为 A，也可能为 B，而 B 的可能性更大一些"的考虑而确定的。这样，既不确定是 A，也不确定是 B，而是认为两者都有可能；与此同时，对于 A 和 B 的重视程度有所不同，这就是贝叶斯推理的立场。

之后，还会设置单独的一讲，对标准统计学与贝叶斯统计学在结构方面的差异进行详细解说。

第 5 讲·小结

1. 逻辑性推理（自然演绎）是由逻辑学演绎法经过严密推导得出的结论。
2. 在已知的事实中如果存在不确定的部分，则需要概率推理。
3. 概率推理一般会得出"大概是 **"这样的结论。
4. 概率推理包括标准统计学推理和贝叶斯推理两种方法。
5. 标准统计推理是在一定风险上以"是 **"这样的形式将结论集中到一点。
6. 贝叶斯推理中，则是以"每种可能性都有，但 ** 的可能性更高"的形式，得出两者都有可能的结论。

> **练习题**

在世界上有"马马虎虎的人"也有"踏实认真的人"。请在以下括号里填上适合的词。

（1）假定"马马虎虎的人"肯定会犯错，而"踏实认真的人"绝对不会犯错。现在，如果新员工 A 犯错了，那么从逻辑性推理来看，A 是属于（　　　）。

（2）假定"马马虎虎的人"频繁犯错，而"踏实认真的人"基本不犯错。现在，如果 B 没有犯错，用贝叶斯推理方法可判断出：B 大概属于（　　　），也可能属于（　　　），而（　　　）的可能性应该会更大。

第6讲

明快而严格，但其使用场合受到限制的内曼－皮尔逊式推理

6-1 运用内曼－皮尔逊式推理解答有关壶的问题

我们再来回顾一下，上一讲中提到的**概率推理**问题。

面前有一只壶，已知这个壶不是 A 壶就是 B 壶，但是单从外表看不出究竟是哪个。而目前已知的是：A 壶中有 9 个白球和 1 个黑球，B 壶中有 2 个白球和 8 个黑球。现在，如果从壶里取出 1 个球，并且这个球是黑色的，那么，就可以推断出面前这个壶究竟是 A 还是 B 吧。

关于该壶的情况，已知以下四点：

事实 1 A 或者 B。

事实 2' 如果是 A，则可能是白球

事实 3' 如果是 B，则可能是黑球

事实 4 黑球（不是白球）

在采用这些事实进行的推理中，事实 2' 和事实 3' 中由于加入了"**可能**"一词，因此不能用于进行逻辑性推理。但是，如果再增加**一条判断**，并沿着与逻辑推理基本相同的路径来操作的话，是可以进行推理的。

这一条判断是指,只要"可能"所代表的概率性数值只要满足一定的标准,就能够意识到做出错误判断的风险。

如果10次中出现1次错误,也就是说有10%的概率做出错误判断,那就没办法了,只能听天由命。不过,在此判断的前提下,倒是有可能得出以下结论。

首先,暂且假设该壶为A壶,并且,从事实2'中可以得出是白球的结论。但是,这个结论并不一定绝对正确,依然有10%错误的概率。因为从A壶中取出黑球的概率是0.1。

虽然仅有错误的概率只有10%,但把这个含有错误可能性的结论"是白球"与事实4相结合,便会产生矛盾。因此,否定该壶为A壶的假设,便可以推断出"不是A壶"的结论。这统计学中有一个专有名词,叫作"**抛弃假设A**"。最后,通过事实1与"不是A壶"的判断,综合得出"是B壶"的结论。

以上便是标准统计学(内曼-皮尔逊统计学)的逻辑推理过程。

推理过程中的关键是,**接受"可能"这一字眼所包含的10%的判断错误的风险概率**。因此,即使不知道当前所做出"是B壶"的判断究竟是正确还是错误,**但如果用这个方法继续进行推理,即使仅有10%判断错误的概率,也有可能得出错误的结论**。也就是说,有可能会发生"实际上是A壶,但得出的结论是B壶"的情况。

6-2 假设检验的过程

上一节讲到的概率推论方法,即标准统计学(内曼-皮尔逊统计学)

中的"**假设检验**"法。本书对于内曼-皮尔逊统计学不做专门解说,因此不进行详细深入的介绍(读者朋友如有需要,可参考拙作《完全自学统计学入门》(详见参考文献⑨))。以下,针对假设检验的顺序进行简单介绍。

假设检验的顺序

第一步:提出想要验证的假设 A。假设 A 又名"**解消假设**"。

第二步:若假设 A 不成立,再提出一个假设 B。假设 B 又名"**对立假设**"。

第三步:若假设 A 成立,再设定一个只有在小概率 α 的情况下能观察到的现象 X。

第四步:确认是否观察到了现象 X。

第五步:若能观察到现象 X 的情况下,则判断解消假设 A 是错误的,此时便可以**抛弃解消假设** A,而选择对立假设 B。

第六步:若未能观察到现象 X,则**不能否决解消假设** A,那么选择解消假设 A 即可。

以上过程可以粗略总结为,"**只有 A 是正确的情况下,才会发生低概率 α 事件。如果实际观察到了的话,则判断 A 本来就是错误的,于是抛弃掉 A;如果观察不到,因为没有抛弃 A 的理由,所以予以保留**"。此处的概率 α,成为是否抛弃假设 A 的基准,这在专业领域被称为"**显著水平**"。由于观察到了在概率为 α 的条件下发生的现象,因而抛弃了之前的假设,那么"弄错正确的假设 A 并抛弃掉它"的概率则为 α。也就是说,这意味着如果一直持续数次使用该推测方法,因概率 α 的比例而做出了错误的判断。

下面，我们试着将上述内容应用于前一节中壶的例子。

首先，解消假设是"A壶"，那么对立假设自然就是"B壶"。此外，如果设定显著水平 α 为0.1，那么观察到 A 壶中取出黑球的概率则为 α。接下来，根据观察到的黑球，抛弃解消假设 A，并选择对立假设 B。这与上一节所说的概率性推理过程是完全一致的。

6-3 假设检验中也存在无法做出判断的情况

即使与逻辑推理相比较，假设检验也可以认为是立足于与其基本相同的构想的、明快的方法论吧。实际上，这一方法如今已经被广泛应用，而重点在于显著水平 α，将 α 设定为多少是一个极其重要的问题。

显著水平 α，通常用来表示"极少被观察到的现象"的概率。当然，可以把它设定其为一个很小的数值，**通常会设定为5%（0.05）或1%（0.01）**。但是，为何要设定为5%（0.05）或1%（0.01），这一点并没有相应的科学依据。有的说法认为，这是因为费希尔以"在每年都进行推测的情况下，研究20年中大约会有1次弄错，这也是没办法的事情"为理由，对其进行了设定。（详见参考文献①）。

那么，如果将显著水平设定为5%（0.05）或1%（0.01），第一节中解说的概率性推论便不符合假设检验的标准。这是因为，把假设 A（是 A壶）设置为抛弃的标准，采用"观察到取出黑球"的情况，而这个概率是10%，大于5%。同样，把假设 B 视为解消假设，也不符合假设检验。这种情况下，即使想把取出白球的情况设为现象 X，但由于概率为20%，是不满足显著水平的。

第6讲·小结

1. 标准的概率推论是根据内曼-皮尔逊统计学产生的。
2. 首先，设定解消假设与对立假设。
3. 设定显著水平 α。通常 $\alpha=0.05$ 或 $\alpha=0.01$。
4. 关注在解消假设的条件下，只有在显著水平 α 以下才能观察到的现象 X。
5. 如果观察到现象 X，则抛弃解消假设，选择对立假设。
6. 如果未能观察到现象 X，则选择解消假设。
7. 检测假设在显著水平 α 概率下，有一定的错误风险。

练习题

现在，我们已经知道面前的壶不是 A 就是 B。A 壶中有 96 个白球和 4 个黑球。设"是 A 壶"为解消假设，"是 B 壶"为对立假设。从壶中取出一个球，结果是黑球。请在符合的一方画圈。

（1）显著水平为 5%（0.05）时，假设检验的结论为
（被抛弃 / 不被抛弃）

（2）显著水平为 1%（0.01）时，假设检验的结论为
（抛弃 / 不被抛弃）

（3）在（2）的情况下，把取出的黑球放入壶中，之后再取一次球，结果还是黑球。此时，假设检验的结论为
（被抛弃 / 不被抛弃）

第7讲

通过少量信息得出切实结论的贝叶斯推理
与内曼－皮尔逊式推理的差异

7-1 用贝叶斯推理解开壶的问题

在上一讲中，我们已经了解到如何用标准的概率性推论——内曼－皮尔逊统计学来解答关于壶的判断问题。这是用假设检验的方法，如果可以设定显著水平为10%，那么从"观察到黑球"的现象，就可以得出"是B壶"的结论。但需要注意的是：如果反复使用这种方法，那么一定要意识到还有10%的概率会做出错误的判断。下面将要阐述的是：如果把显著水平设定为通用的5%或1%，就只是从"观察到只有1个球"这个假设检验中，则不能够对壶的问题做出判断。

从另一方面来讲，如果运用贝叶斯推理，按照前4讲中所述的方法，也可以对壶的问题进行概率性推论，并且**不需要类似显著水平这样的概念**。下面，我们用贝叶斯推理方法对壶的问题来进行说明。

7-2 把A壶和B壶分别设定为一个类别

首先,我们再重复一遍问题设定。

> **问题设定**
>
> 面前有一只壶,已知这个壶不是A壶就是B壶,但是单从外表看不出究竟是哪个。而目前已知的是:A壶中有9个白球和1个黑球,B壶中有2个白球和8个黑球。现在,如果从壶里取出1个球,并且这个球是黑色的,那么,面前的这个壶究竟是A还是B呢?

和之前一样,我们先来设定类别。由于需要判断的问题是:面前的这只壶,是A壶还是B壶?因此,需要设定的类别自然也分为A和B。

接下来的步骤是**设定先验概率**。由于我们暂时不知道这只壶是A壶还是B壶,并且也不知道壶里装有什么颜色的球(在观察球之前),所以,只能运用"**理由不充分原理**"。换言之,将"是A壶"和"是B壶"的先验概率均设为0.5,此时,用长方形来表示的可能存在的情况,则如**图表7-1**所示,总共被划分成两等份。

图表7-1 根据理由不充分原理设定的先验分布情况

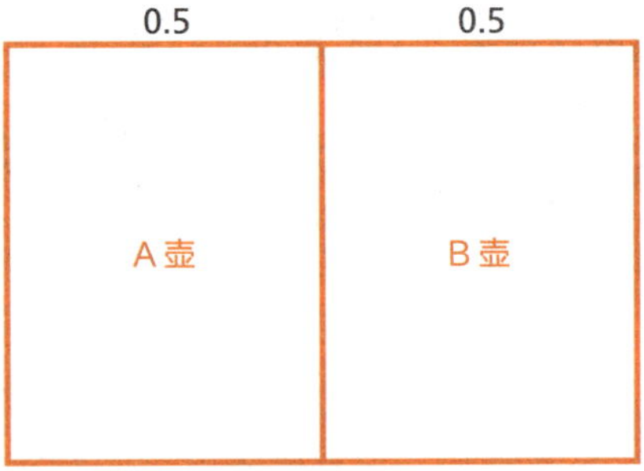

0.5	0.5
A壶	B壶

然后，设定在各类别中，出现黑球或白球的条件概率。在"是A壶"的情况下，出现黑球的条件概率为0.1，出现白球的条件概率为0.9；而在"是B壶"的情况下，出现黑球的条件概率为0.8，出现白球的条件概率为0.2。把这些具体情况填入图中，则如**图表7-2**所示，共有4种可能出现的情况。

图表7-2　条件概率的设定

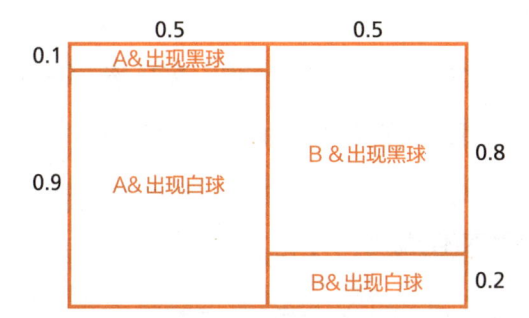

	0.5	0.5	
0.1	A&出现黑球		
0.9	A&出现白球	B&出现黑球	0.8
		B&出现白球	0.2

下一步，是把4种可能出现的情况的概率填写进去。同时，请回想一下，前面我们曾讲："长方形的面积"**可视为概率**（**图表7-3**）。

图表7-3　计算四种可能性的概率

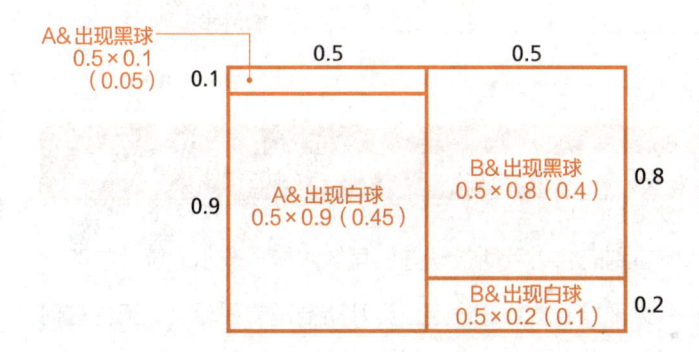

A&出现黑球
0.5×0.1
（0.05）

	0.5	0.5	
0.1			
0.9	A&出现白球 0.5×0.9（0.45）	B&出现黑球 0.5×0.8（0.4）	0.8
		B&出现白球 0.5×0.2（0.1）	0.2

第7讲　通过少量信息得出切实结论的贝叶斯推理　与内曼—皮尔逊式推理的差异

由于最终观察到球的颜色为黑色，因此白球的可能被完全排除在外，如**图表** 7-4 所示。把观察到黑球的 2 种情况用图来表示，并将各概率标准化处理，如下所示：

（该壶为 A 壶的后验概率）:（该壶为 B 壶的后验概率）

=0.5×0.1 : 0.5×0.8

=1 : 8

=1/9 : 8/9

换言之，在观察到黑球的前提下，该壶为 A 壶的后验概率为 1/9，约等于 0.11；而该壶为 B 壶的后验概率为 8/9，约等于 0.89。由于后者是前者的 8 倍，因此，判断该壶为 B 壶较为妥当。

图表 7-4　排除掉两种可能性

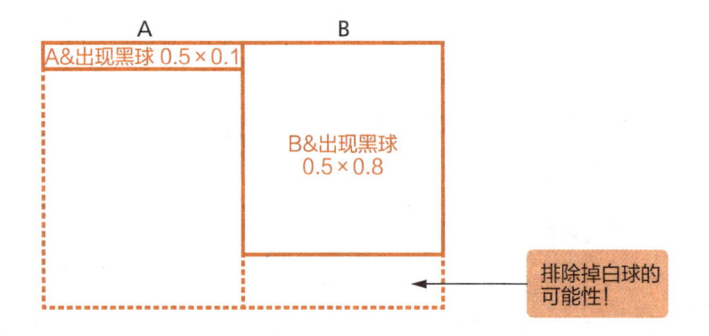

A

B

A&出现黑球 0.5×0.1

B&出现黑球 0.5×0.8

排除掉白球的可能性！

7-3　贝叶斯推理无论在何种条件下，都能得出一个暂时的结果

正如大家所看到的，贝叶斯推理并没有像内曼-皮尔逊统计学的假设检验那样，有关于显著水平的设定。贝叶斯推理的强项是"**无论在何**

种条件下，都能得出一个暂时的结果"。但是，这个结果并不像内曼－皮尔逊统计学那样，得出一个单方面的判断（非 A 即 B），而是**认为两种可能性都有，并赋予这两种可能性相应的比例关系**，仅此而已。而"看到数值之后，做出判断"的工作，就留给统计学家们了。因此，贝叶斯推理也常被称为"总经理的概率"，它的含义是：贝叶斯推理就像是公司职员进行筛选和鉴别，最终由总经理根据下属报告上来的数值进行判断。

关于判断究竟是哪个壶的问题：假设在 A 壶的 10 个球中，黑球的个数为 x；B 壶的 10 个球中，黑球的个数为 y，之后观察到出现了黑球，那么：

（该壶为 A 壶的后验概率）:（该壶为 B 壶的后验概率）$=x:y$

因此，当壶中的黑球较多时，结果为该壶的后验概率也就越大（在前面的例子中，$x=1$，$y=8$）。这个推理可以将"**由于观察到出现了黑球，因此有可能会是黑球较多的那个壶吧**"这一简单的推论合理化。统计学家看到 $x:y$ 的比例之后，可以做出"该壶为 A 壶"或"该壶为 B 壶"，或是"不管得出何种结论都不妥当"之中的任意一种判断。

7-4 贝叶斯推理和内曼－皮尔逊式推理中，"风险"的含义不同

特别需要注意的一点是，**在贝叶斯推理和内曼－皮尔逊式推理中，各自"风险"的含义是完全不同的**。

第 6 讲中曾讲到，在**内曼－皮尔逊式推理中，显著水平是其风险的指标**。其含义是：例如，将显著水平设定为 5%，那么如果**用同一种方法，**

反复使用假设检验的话，有 5% 的概率会得出错误的结论。因此，采用大胆一点的说法是：5% 概率的风险，并不是针对"现在判断得出的结论"进行的直接评价。毕竟，"风险"针对的是所使用的方法论，给只不过是"通过在风险概率为 5% 的某种方法所下的结论"的间接评价值。

另外，本讲中会提到这样一个观点：所谓根据贝叶斯推理得出的结论的"风险评价"，其实就是"后验概率"本身。实际上，在壶的推理的例子中，由于计算出"该壶为 A 壶的后验概率"约为 0.11，那么，如果做出"该壶为 B 壶"的判断，则这一判断出错的概率也约为 0.11。这并不是方法论本身存在的风险，而是由于 A 的可能性与 B 的可能性的比例为 1∶8，这一风险从而直接被认可。

用比喻性的说法来解释：假设检验的风险存在于结论之外，而贝叶斯推理的风险则存在于结论的后验概率本身之中。

还有一个必须留意的问题是：**贝叶斯推理之所以能在不考虑显著水平的情况下做出判定，是因为设定了先验概率这一"奇怪的"概念**。如前所述，先验概率基本上是一种"主观的"概念。也就是说，贝叶斯推理不会直接认为"概率是 ×"，而是采取"相信概率应该是 ×""总之，先设定概率为 × 吧"这样的态度。因此，在这种先验概率的基础上被推断出来的后验概率，**通常有其任意性，而责任则归于在统计学者的判断**。这也是为什么贝叶斯推理被称为"总经理的概率"的原因所在。

图表 7-5 关于壶的判断的贝叶斯更新

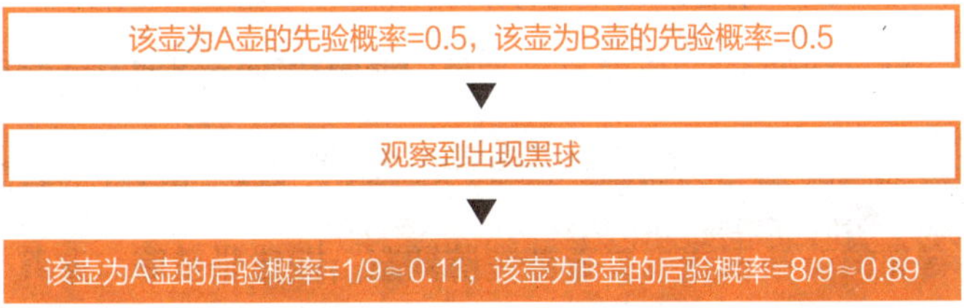

```
该壶为A壶的先验概率=0.5，该壶为B壶的先验概率=0.5
                    ▼
             观察到出现黑球
                    ▼
该壶为A壶的后验概率=1/9≈0.11，该壶为B壶的后验概率=8/9≈0.89
```

7-5 从逻辑性观点出发，看贝叶斯推理的过程

最后，我们还是像在第 6 讲中所说明的那样，从逻辑性观点出发，再来总结一遍贝叶斯推理的结构吧。问题设定中，列举了已知事实：

事实 1　该壶为 A 壶或者 B 壶

事实 2'　若为 A，则可能是白球

事实 3'　若为 B，则可能是黑球

事实 4　黑球（不出现白球）

通过以上 4 个事实，我们来看一看，在贝叶斯推理过程中，究竟会呈现怎样的组合推理方式呢？

首先，从事实 2' 中可以推导出，假设该壶为 A 壶，则可能会出现"该壶为 A 壶且出现黑球"或"该壶为 A 壶且出现白球"的任意一种情况，之后，能够推导出"基本上是后者"的结论。同样，从事实 3' 可以推导出，假设该壶为 B 壶，则可能会出现"该壶为 B 壶且出现黑球"和"该壶为 B 壶且出现白球"的任意一种情况，之后，能够推导出"基本上是前者"的结论。通过以上结果和事实 4，我们可以排除掉"该壶为 A 壶且出现白球"和"该壶为 B 壶且出现白球"这两种情况，只留下"该壶为 A 壶且出现黑球"和"该壶为 B 壶且出现黑球"的可能性。

如果考虑到"前者的可能性小，而后者的可能性大"的情况，就能判断出答案是后者——"该壶为 B 壶且出现黑球"的可能性较大。因此，就能得出如果"该壶为 B 壶且出现黑球"，那么自然 B 是成立的，因此结论为 B。贝叶斯推理的逻辑结构就是这样的。

第7讲·小结

1. 设定"该壶为 A 壶"和"该壶为 B 壶"两个类别。
2. 依据理由不充分原理，设定 A 的先验概率为 0.5，B 的先验概率为 0.5。
3. 在"该壶为 A 壶"的情况下，设定黑球的条件概率为 0.1，白球的条件概率为 0.9；在"该壶为 B 壶"的情况下，设定黑球的条件概率为 0.8，白球的条件概率为 0.2。
4. 由于观察到了黑球，因此排除掉白球的可能性。
5. 设定黑球的概率满足正规化条件。
6. 求出"该壶为 A 壶"的后验概率和"该壶为 B 壶"后验概率，得出"应该是 B 壶"的结论。

> **练习题**

在这里,稍微改变一下壶里的球的构成,然后进行同样的推理。

面前有一只壶,已知这个壶不是 A 壶就是 B 壶,但是单从外表看不出究竟是哪个。而目前已知的是:A 壶中有 8 个白球和 2 个黑球,B 壶中有 3 个白球和 7 个黑球。现在,如果从壶里取出 1 个球,并且这个球是黑色的。设定先验概率各为 0.5,在接下来的步骤中,求出"该壶为 A 壶"、"该壶为 B 壶"的后验概率,并判断该壶为 A 壶还是 B 壶。

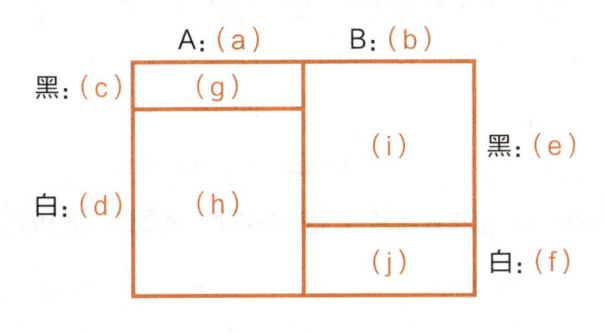

```
              A:(a)    B:(b)
黑:(c)    (g)
                       (i)     黑:(e)
白:(d)    (h)
                       (j)     白:(f)
```

各个类别的先验概率分别为,   (a) = (   )、(b) = (   )
添加信息后的条件概率分别为, (c) = (   )、(d) = (   )
                             (e) = (   )、(f) = (   )
四种互不相同的情况的概率分别为,(g) = (   ) × (   ) = (   )
                             (h) = (   ) × (   ) = (   )
                             (i) = (   ) × (   ) = (   )
                             (j) = (   ) × (   ) = (   )
观察到"黑球"的 2 种情况下的概率,使之满足标准化条件,为:
(g):(i) = (   ):(   ) = (   ):(   )

　　　　　　　　　　　　　　　　　　　　相加之和为 1

观察到"黑球"的情况下"该壶为 A 壶"的概率 = (   )
观察到"黑球"的情况下"该壶为 B 壶"的概率 = (   )
综合上述,能够得出该壶为(   )的结论。

第8讲

贝叶斯推理的基础：极大似然原理
贝叶斯统计学与内曼－皮尔逊统计学的衔接点

8-1 贝叶斯统计学与内曼－皮尔逊统计学的共通点

在第 5 讲与第 8 讲中，已经对比了标准统计学（内曼－皮尔逊统计学）与贝叶斯统计学在思考方式、逻辑等方面的不同之处。由此可知，这两种统计学之间的差异之大，不可忽视。

其中，尤其明显的一点是，**贝叶斯统计学中需要设定先验概率，而内曼－皮尔逊统计学中则完全不涉及这一概念**。先验概率是指，对于接下来将要推理的事物，先设想出多个可能的原因，并为这些原因设定"可能的程度"，即先验概率。

那么，这种设想是贝叶斯统计学中特有的吗？实际上并非如此，内曼－皮尔逊统计学中也有与此相通的设想，本讲内容也会阐明这一点。特别是对于很多对贝叶斯统计学的先验概率抱有排斥感的人来说，理解二者之间共通的设想，将有助于缓解这种排斥感。

8-2 "极大似然原理"被运用到众多学科当中

标准统计学与贝叶斯统计学的共通之处,在于一种被称为"极大似然原理"的思考方式。

简单来说,"极大似然原理"的含义就是:**世界上正在事件,之所以发生,是因为它发生的概率大。**

例如,假设引起 X 象和 Y 现象的原因,有 A 和 B 两种。假设在 A 原因的情况下,X 现象发生的概率远大于 Y 现象发生的概率。相反,在 B 原因之下,Y 现象发生的概率则远大于 X 现象发生的概率。那么,假设现在观察到了 X 现象。那么此时的原因是 A 还是 B 呢?

当然,A 和 B 的可能性都存在。但是,**如果一定要选一个的话,那么还是应该选 A 才更为妥当。**这种思考方式就是所谓的"极大似然原理"。

我们在日常生活当中,也经常会用到上述思考方式。比如,有人忘记带东西,假设这个人不是 A 就是 B,而这两个人中,A 是会经常忘带东西的那个,B 则是很少会忘带东西。那么这时,一般我们会推测,忘记带东西的人是 A 而不是 B。

极大似然原理已经植根于我们的思维方式之中,因此被运用到众多学科领域。特别是物理学的一个分支——统计物理,就是利用了极大似然原理来解释各种物理现象。

8-3 贝叶斯推理以极大似然原理为基础

贝叶斯推理也运用了极大似然原理,这一点是显而易见的。

回想一下第 6 讲中的关于壶的推断的问题。从 A 壶中观察到白球的概率大，而从 B 壶观察到黑球的概率大。那么现在观察到了黑球，因此判定"该壶应该为 B 壶"。做出该判断的时候，**选择的是使结果的概率最大的那个原因**，这正是极大似然原理的体现。在第 7 讲中，也说明了该推断方法与贝叶斯推理是完全一致的。

下面再来看**图表 7-4**。在推算后验概率时，关键的一点是：对"该壶为 A 壶且出现黑球"的概率与"该壶为 B 壶且出现黑球"的概率进行比较。这一比值也是 A 与 B 的后验概率之比（1:8）。由于后者的概率明显更大，因而得出"该壶为 B 壶"的结论。这一思考过程，与"因为原因 B 会使得观察到黑球出现的概率更大"的道理是相同的，都运用了极大似然原理。

图表 7-4　两种可能性的消失

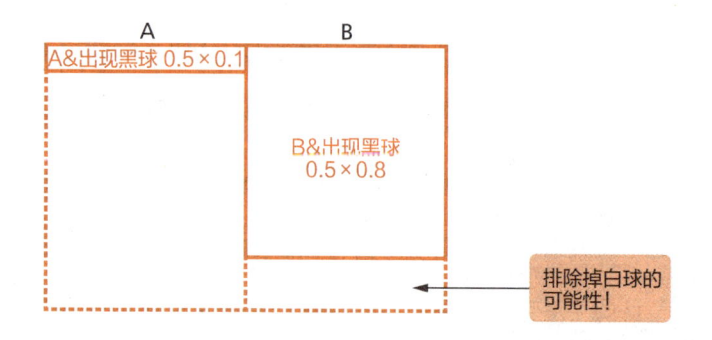

```
       A              B
┌──────────────┬──────────────────┐
│A&出现黑球 0.5×0.1                │
├──────────────┤                  │
┊              │                  │
┊              │  B&出现黑球       │
┊              │  0.5×0.8          │
┊              │                  │
┊              │                  │
┊              └──────────────────┤ ← 排除掉白球的
┊                                 │   可能性！
└─────────────────────────────────┘
```

回想第 3 讲中，运用"理由不充分原理"进行贝叶斯推理的例子中讲到：

后验概率为（先验概率）×（条件概率）的比例。

因此，先验概率大或条件概率大的原因，更容易被选择，这也体现了极大似然原理。

8-4 内曼-皮尔逊统计学也以极大似然原理为基础

那么，标准统计学（内曼-皮尔逊统计学）是否也与极大似然原理有所关联呢？事实上，极大似然原理并不是运用于推理本身，而是**运用于"为统计推理添加依据"的过程当中**。

"为统计推理添加依据"是指，在统计学中进行推理时，**对于"为什么要这样思考""这样的思考方式会带来怎样的好处"等问题进行的说明**。这里以一种叫作"**点推理**"的统计推理为例，来具体说明。

现在，假设有一种现象，每天发生一次，或不发生一次。例如"客人总数超过 100 人"的现象，假设其发生的概率为 p，则不发生的概率便为 1-p。以 10 天为单位，对该现象进行观察，结果是 10 天当中有 4 天发生了，而剩余的 6 天没有发生。这时，推断概率 p 为多少才算合适呢？

关于这一点，最自然的推断应该是这样的：既然 10 天中有 4 天发生了该现象，那么概率 p 应该是 4÷10=0.4。这与统计学中，求"发生次数的平均值"，并以此作为 p 的推断值，道理是相同的。如果用数值 1 表示该现象发生，数值 0 表示该现象未发生，那么观察的数值中，1 有 4 个，0 有 6 个。用相加之和 10 来相除，平均值为 0.4。

此处，有一个疑问是：为何要将发生次数的平均值作为该现象发生概率 p 的推断值呢？仔细想想，"在这几次当中，该现象发生了几次"与"该现象发生的概率"，其实并没有直接的关联。而为其添加理由的时候，就是运用了极大似然原理。

关于发生概率为 p 的现象，以下，将"10 次中恰好有 4 次发生该现象的概率"L 用含 p 的公式来表示。计算方法会在第 10 讲中进行解说，此处只给出结果。

"10 次中恰好有 4 次发生该现象的概率"

$L = 210 \times p^4 \times (1-p)^6$

那么，当概率 p 发生变化时，概率 L 的数值又将变为多少呢？下面我们用表计算软件来进行计算。将上述函数用**图表 8-1** 来表示，概率 p 为横轴，概率 L 的数值为竖轴。

图表 8-1 概率 L 的数值

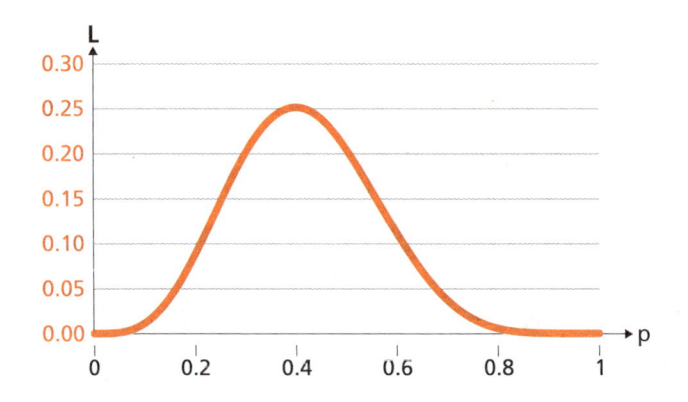

例如，当 p=0.2 时，按上述公式 $210 \times 0.2^4 \times 0.8^6$ 计算，得出 L 约为 0.088 的结果，即横轴 0.2 处所对应纵轴的高度。通图看表可知，当 p=0.4 时，L 达到最大值。那么换言之，将平均值 0.4 设定为 p 时，观察到的结果（10 次中有 4 次发生该现象）的概率 L 也将最大。因此，在通常的统计推理中，我们一般会将 p 推算为 0.4，并将 0.4 称为 p 的"**极大似然推算量**"。这里使用了"极大似然"这一术语，因此，该方法中运用了极大似然原理，也是显而易见的。实际上，由于 p=0.2 时的结果 L 的概率约为 0.088，p=0.4 时的结果 L 的概率约为 0.25，所以我们认为，使结果的概率变大的原因 p=0.4 是最佳的。

"极大似然估计量"恰好等于平均值，并不仅限于该例。

关于这一点,可以很轻松地证明出来:观察 N 次,其中发生了 x 次,此时的极大似然估计量就是 $x \div N$（使用微分法）。总之，**极大似然原理与平均值这一统计量密切相关。**

在这里,改变概率 p,与在现象发生的原因(类别)中设定先验分布,并使之变化的道理是类似的。因而我们可以这样理解：极大似然估计量的思考方式与贝叶斯推理是存在共通之处的。

总之，以极大似然原理为桥梁，可以让我们明白：标准统计学与贝叶斯统计学之间，存在着**共通共融的思想**。

第8讲·小结

1. 极大似然原理是指，采用使观察到的现象的发生概率最大的原因的原理。
2. 我们可以认为，贝叶斯统计学中的先验概率是极大似然原理的应用之一。
3. 标准统计学的点推理中，采用使观察到的现象的概率最大的函数作为推断值，这也是极大似然原理的应用之一。
4. 普通统计学与贝叶斯统计学的共通思想，便是极大似然原理。

> **练习题**

做投图钉的实验，测试是针头朝上还是平头朝上。投了3次的结果是：有2次针头朝上，1次平头朝上。以极大似然原理为前提，完成下列（　　）的填空。

设针头朝上的概率为p，则，

（2次针头朝上，1次平头朝上的概率）
　　$=3p^2 \times (1-p)$

之后，判断p=0.4和p=0.7，哪一个的可能性更大。

假设p=0.4，那么

（2次针头朝上，1次平头朝上的概率）
　　$=3(\ \ \ )^2 \times (\ \ \ )=(\ \ \ )$　……　①

假设p=0.7，

（2次针头朝上，1次平头朝上的概率）
　　$=3(\ \ \ )^2 \times (\ \ \ )=(\ \ \ )$　……　②

①与②相比，（　　）更大，依据极大似然原理，如果最终要选择其中一个作为答案的话，则p=（　　）较为合适。

第 9 讲

贝叶斯推理的结果，有时与直觉大相径庭②
蒙蒂霍尔问题与三个囚犯的问题

9-1 贝叶斯逆概率的悖论

在第 5 讲到第 8 讲中，我们更倾向于用哲学的角度来解释，作为概率性推理的贝叶斯推理，究竟有着怎样的理论结构。在本讲中，我会和大家谈一谈围绕着贝叶斯推理的一些悖论问题。

贝叶斯推理只是运用了大家所熟知的概率公式（高中阶段学习的知识），并不能说是一种很离奇的方法。但是，所运用到的先验概率带有主观性，从这个层面来讲，可以说贝叶斯推理能够实现一种处于**数学和哲学边界线上的理论**。这样说的证据是：如果在特殊设定中运用贝叶斯推理的话，便会得出与我们的常识和直觉截然相反的结果，就如同悖论一般。

因此，在本讲中会介绍关于贝叶斯推理的两个悖论，希望可以帮助大家站在与逆向思维的角度，来理解贝叶斯推理的内涵。

9-2　悖论① 蒙蒂霍尔问题

关于贝叶斯推理的悖论，最出名的当属**蒙蒂霍尔问题**，以下是问题设定。

> **蒙蒂霍尔问题**
>
> 面前有 A、B、C 三道帘子。其中一道帘子后面停着一辆轿车作为奖品。你需要在这三道帘子中任选一道，如果揭开帘子，后面有轿车的话，那么轿车就归你所有了。而当你选择了 A 帘之后，主持人会从剩下的两道帘子中，选择 B 帘打开，而 B 帘后面并没有轿车。这时，主持人会问你："现在只剩下你所选的 A 帘和尚未打开的 C 帘这两种选择了，那么现在你要不要改变主意呢？"这时，你认为该不该改变最初的选择呢？

这个问题源于美国的一个让现场观众参加游戏的电视节目，节目主持人的名字叫作蒙蒂霍尔。这就是"蒙蒂霍尔问题""蒙蒂霍尔悖论"得名的由来，这个理由着实令人感到有些意外。

实际上，这个问题的正确答案是：**应该选择换帘子**。理由是，**在 C 帘后面停有轿车的概率比 A 帘大**。

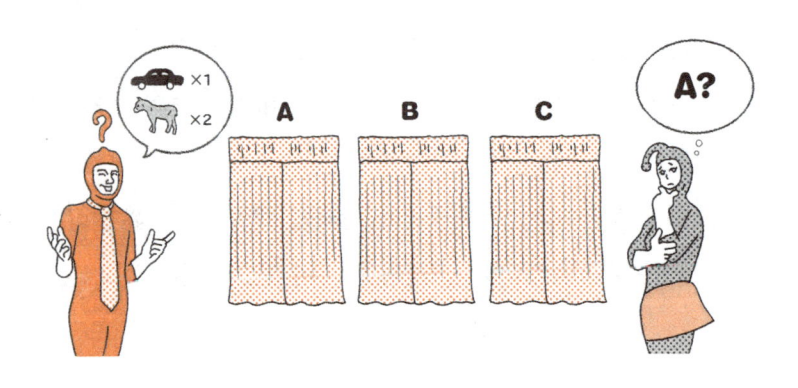

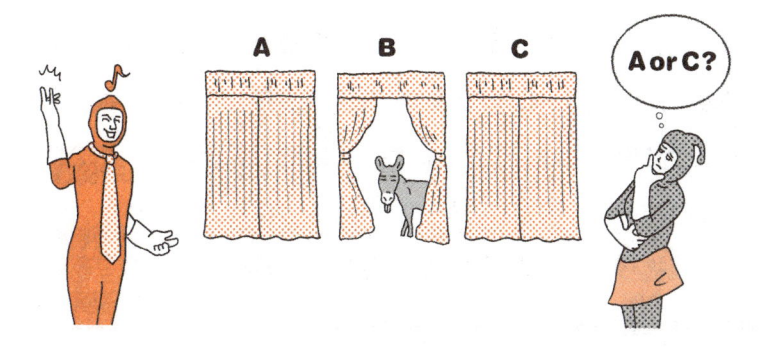

但是，很多人对于上述观点表示了异议。他们认为，既然已经打开了一道帘子，那么，轿车肯定停在剩下的两道帘子其中之一的后面，而轿车停在这两道帘子其中之一的后面的概率是相同的。因此不管最终选择哪个，回答正确的概率都不会变。事实上，在美国，关于这个问题的答案的讨论，确实引发过一阵骚动。

关于上述"正确答案"，我们稍后再作讲解。接下来，先为大家介绍另一个悖论。

9-3 悖论② 三个囚犯的问题

接下来要介绍的三个囚犯的问题，和蒙蒂霍尔问题有着不同的版本。

> **三个囚犯的问题**
>
> 艾伦、伯纳德、查尔斯三个囚犯，他们的名字简称为 A、B、C。所有人都知道，这三人中，有两人要被处死，剩下一人被释放，但不知道被释放的会是谁。这时，艾伦对看守说："反正三个人中有两人要被处死，所以伯纳德和查尔斯中两个人中，至少有一个是要

被处死的。即使你告诉我这两人中谁要被处死，对我来说也没什么益处。那么，能不能请你告诉我，究竟谁要被处死呢？"看守听后，同意了艾伦的看法，于是告诉他：伯纳德将要被处死。艾伦听了这话，心中窃喜。因为艾伦是这样考虑的：在什么情况都不了解的时候，我被释放的概率是1/3；但现在，我知道了伯纳德要被处死，那么我和查尔斯之中，如果一方被处死，另一方肯定会被释放。这样一来，我被释放的概率就上升到了1/2。

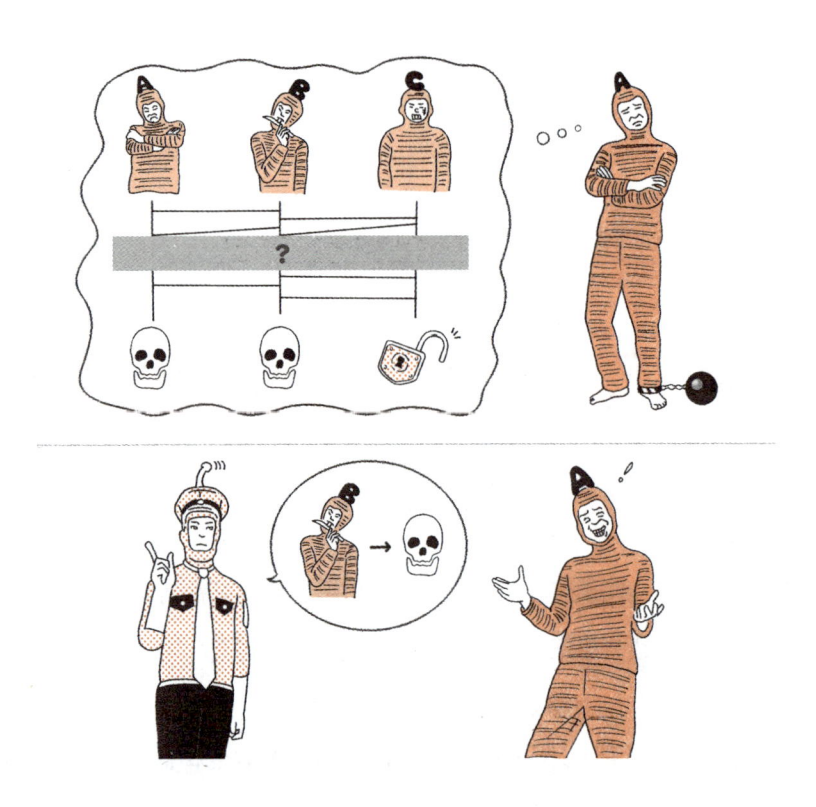

现在我们可以了解到，三个囚犯问题和蒙蒂霍尔问题具有相同的结构。艾伦相当于 A 帘，伯纳德相当于 B 帘，查尔斯相当于 C 帘，而将要被释放的人则对应藏在帘子后面的轿车。看守人告知艾伦，伯纳德会被处死这一消息，则对应主持人打开 B 帘之后没有轿车这一信息。而 A 帘后面有轿车，则对应为艾伦要被释放的信息。

之所以将三个囚犯的问题称为"悖论"，是因为艾伦的理由无法让大多数人信服。艾伦仅仅通过知道除自己之外的将要被处死的人的名字，他被释放的概率就得到提升，或者说被处死的概率降低，这总让人觉得有些奇怪。事实上，即使艾伦被告知，将被处死的人是查尔斯，结果也是一样的。也就是说，即使完全不知道查尔斯、伯纳德谁将被处死，艾伦也可以推断出自己被释放的概率是 1/2。

在此需要提醒各位，蒙蒂霍尔问题与三个囚犯的问题有着十分紧密的联系。其共同点在于：如果对于其中一个答案存有异议，那么，就不得选择相信另一个答案。

9-4　这两个问题的本质是相同的

这两个问题的关键点都在于：**由于获得了一定信息而导致概率发生变化**。之前，我们也一直将"概率因获得信息而发生变化"的各种案例作为贝叶斯推理的精华来进行解说，先验概率和后验概率就是其体现。另一方面，在这两个问题中的概率均因获得信息而发生了变化，这一点与大多数人的直觉是相反的。

大家都知道，在蒙蒂霍尔问题中，当游戏的参加者在选择 A 帘时，

A 帘后面藏着汽车的概率是 1/3。因此，当主持人掀开 B 帘，且游戏参加者知道了 B 帘后没有汽车之后，那么自己先前选择的 A 帘后面有汽车的概率究竟是会发生变化，还是与之前的概率相同呢？以下列出了关于这个问题的两种想法：

想法 1：因为汽车一定藏在 A 帘和 C 帘这两者之一的后面，所以概率也变为了两种可能性各占一半。因此，A 帘后藏有汽车的概率从 1/3 上升到 1/2。

想法 2：即使知道了 B 帘后面没有汽车，A 帘后面藏有汽车的概率仍然不会变化。因此，A 帘后藏有汽车的概率仍然是 1/3 不变。而这同时意味着，C 帘后藏有汽车的概率从 1/3 上升到了 2/3。

多数人会选择上述两种想法中的前者，而二者区别的关键在于：究竟是 A 和 C 的概率同时发生变化，还是仅仅 C 的概率发生了变化。随着 B 的可能性被排除，那么理所当然地，A 和 C 的概率至少有一个会发生变化（标准化条件），而问题是究竟是其中只有一个发生了变化，还是两者都发生了变化呢？

下面我们试着针对同样的问题，用三个囚犯的案例进行讨论。艾伦在向看守询问关于死刑的消息时，给出的理由是：反正伯纳德和查尔斯两个人中，总会有一个会被处死，所以即便告诉我被处死的人的名字，对我来说也没有什么好处"。这句话中的"对我来说也没有什么好处"，可以理解为"自己被处死的概率不会发生变化"。那么，我们在这个案例中也试着套用一下上述两个想法：

想法 1：因为被释放的人肯定是 A 和 C 中的一人，所以概率也变成了二者各占一半。那么，A 被释放的概率从 1/3 上升到 1/2。

想法 2：即使已知 B 将会被处死，但 A 被释放的概率仍然不会变化。因此，A 被释放的概率仍是 1/3。而这意味着，C 被释放的概率从 1/3 上升到了 2/3。

艾伦以想法 2 为依据，从看守那里打探到了消息，之后又套用了想法 1。这样得到的结果让他兴奋不已。

至此大家应该已经理解：如果多数人在蒙蒂霍尔问题中选择了想法 1 的话，那么在三个囚犯问题中也会选择想法 1，结果就会和艾伦的想法一样。相反，如果觉得三个囚犯问题中，艾伦高兴的理由很奇怪的话，就会选择想法 2，那么在蒙蒂霍尔问题中，也不得不改变之前选择的帘子。

很多文献都认为想法 2 是正确的，并对此进行了如下解释：**选择者自身的概率不会发生变化，而非选择者那一方的概率会发生变化**。在网上，也经常会看到类似下面这样的试图说服读者的说明。

现在，假设你从海量的彩票中选出 1 张。之后，主持人在剩余的所有彩票中只选出 1 张留下，剩下的彩票全部销毁，并告诉你：刚才撕碎的彩票中没有头奖。这时，你是应该改选主持人留下的那 1 张彩票，还是继续坚持自己最初选择的那张彩票不变呢？

在这种情况下，大多数人会毫不犹豫地认为"改选主持人留下的那 1 张胜算更大一些"。这是因为，在最初自己选择那 1 张彩票的时候，这张彩票为头奖的概率非常低；另一方面，头奖在主持人手中剩余的海量彩票之中的概率具有压倒性优势。而现在，主持人手中所有不是头奖的彩票都被销毁了，因此可以推算出剩下的那 1 张彩票是头奖的可能性非常大。

如果按照这个理由来思考的话，那么因获得信息而发生概率变化的，其实并不是你选择的一方，而是你未选择的那一方。

乍一听似乎很有道理，但笔者顺着这个思路来解决蒙蒂霍尔问题时，却发现行不通。这是因为，该案例可以理解为"将帘子的数量增加到极大值"之后的模型，这与原本在三个帘子之中选择其一的问题是完全不同的类别。当然，以上解释只是打比方而已，不能算是科学的讨论。不过，这里提到的"概率"本身就是主观性的概念，而基于传统科学依据的"正确答案"根本就是不存在的。这是因为，在你选出某 1 张彩票的时刻，它是不是头奖就已经是固定不变的事实了，后来**发生变化的只是"你的主观推测值"**。既然是主观的东西，那么答案自然不止一个了。

下面，我们用主观概率方面的代表性理论——贝叶斯推理，来探讨这个问题。

9-5　通过贝叶斯推理推导出矛盾

下面，我们试着用贝叶斯推理来探讨一下这一类问题。这几个案例具有共性，我们选择其中的蒙蒂霍尔问题来进行具体分析。

首先，设定类别和先验概率。

用 A、B、C 分别来表示"A 帘后面藏着汽车"、"B 帘后面藏着汽车"、"C 帘后面藏着汽车"这三种情况。最终结果肯定是这三种情况之一，因此可以认为：共有三种可能性。那么，可以将这三种情况先验概率均设为 1/3，各自相等，如**图表 9-1** 所示。

图表 9-1 根据理由不充分原理得到的先验分布

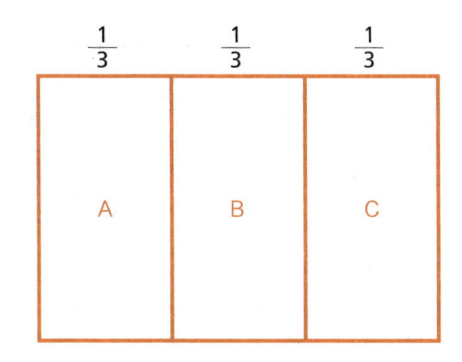

```
  1/3      1/3      1/3
┌──────┬──────┬──────┐
│      │      │      │
│  A   │  B   │  C   │
│      │      │      │
└──────┴──────┴──────┘
```

现在的问题是，之后该如何设定条件概率。在你选择了 A 帘的时刻，就必须对于主持人一会儿将打开 B 帘还是 C 帘的问题设定条件概率，设定的标准如下所示。

> **条件概率的设定**
>
> 如果 A 帘后面藏有汽车的话，那么主持人打开 B 帘和 C 帘的概率各为 1/2。如果 B 帘后面藏有汽车的话，那么主持人打开 C 帘的概率为 1。如果 C 帘后面藏有汽车的话，那么主持人打开 B 帘的概率为 1。

在以上设定的背景下，我们将打开 B 帘记录为"开 B"，将打开 C 帘记录为"开 C"，导入条件概率之后，共有 4 种可能性，如**图表 9-2**所示。

图表 9-2 条件概率的设定

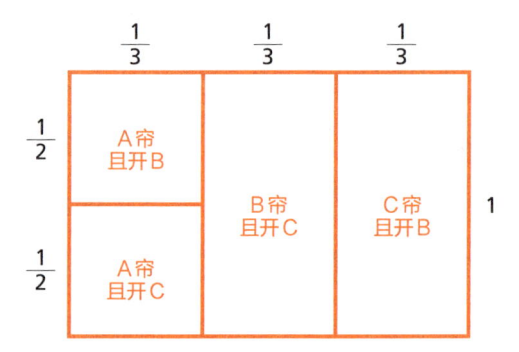

	$\frac{1}{3}$	$\frac{1}{3}$	$\frac{1}{3}$	
$\frac{1}{2}$	A帘且开B	B帘且开C	C帘且开B	1
$\frac{1}{2}$	A帘且开C			

> **译者按**
>
> 图中"B 帘且开 C"意思是,已选择 A 帘的游戏者头脑中预想下一步主持人会"开 C"(主持人知道 B 帘中有汽车且只会打开后面没有汽车的帘子),本图其他说明含义同此。

之后,通过主持人打开 B 帘的行为(开 B),我们得知 B 帘后面并没有汽车。也就是说,因为不需要再打开 C 帘,所以"选择 A 帘且开 C"和"选择 B 帘且开 C"的两种可能性被排除掉。那么,表示剩余可能性的图表便如**图表 9-3** 所示。

图表 9-3 排除不可能发生的情况

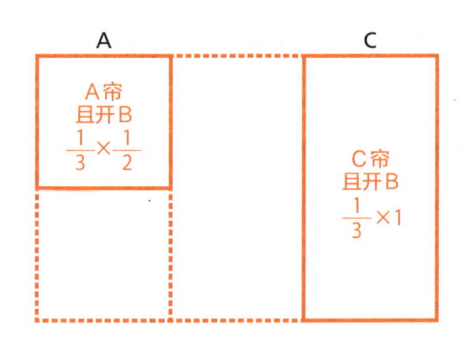

	A		C
	A帘且开B $\frac{1}{3} \times \frac{1}{2}$		C帘且开B $\frac{1}{3} \times 1$

根据上图，通过标准化条件对后验概率进行求解，如下所示：

（是 A 帘的后验概率）：（是 C 帘的后验概率）

=1/3×1/2 : 1/3×1

=1:2

=1/3 :2/3

至此，A 帘后面藏有汽车的概率变为 1/3，C 帘后面藏有汽车的概率变为 2/3。因此，如果你相信上述推算结果的话，就应该改变最初的选择。

对于三个囚犯的问题，也可以采用相同的思路进行贝叶斯推理，这样得出的结论是：艾伦被释放的概率为 1/3，查尔斯被释放的概率为 2/3。

对于上述结果，如果从**哲学的角度进行解释**的话，会给人以"**因为主持人和看守并未提供与提问者相关的信息，所以提问者的后验概率不会发生变化**"的感觉。然而，会出现这样的想法，是因为还没有摆脱"解释"或"印象"的影响。判断这种解释正确与否的确很困难，说到底，这还是一种哲学性解释。

9-6　结论因模型的设定自身而发生变化

那么，在蒙蒂霍尔问题中，"应该改变最初的选择"这一结论，似乎已经是板上钉钉的结论了。但实际上，笔者并不这样认为。因为"A 帘的后验概率为 1/3，C 帘的后验概率为 2/3"的结果，毫无疑问**依存于模型的设定**。

当然，将 A、B、C 的先验概率都设定为 1/3，这一点是没有异议的。

问题在于，**关于主持人会打开帘子的条件概率的设定存在恣意性**。如果"恣意性"一词听起来略具批判性的话，也可以用"如何对模型进行设定"来表达。

在上一节的模型中，在 A 帘后面藏有汽车的情况下，我们设定：主持人以打开 B 帘或 C 帘的概率各占一半。但其实并没有证据表明，必须做出这样的判断。实际上，在 C 帘后面藏有汽车的情况下，主持人除了打开 B 帘之外，并没有其他的选择，所以他会立刻打开 B 帘。但是，在 A 帘后面藏有汽车的情况下，由于有 B 帘和 C 帘两个选项，主持人可能会有一瞬间的犹豫，来思考究竟要打开 B 帘和 C 帘哪一个为好。如果聪明的游戏参加者看穿了主持人那一瞬间的犹豫，便能以此为线索来推算汽车究竟藏在哪个帘子后面。而主持人为了避免这种情况的发生，可以采取"事先准备好根据汽车的所在位置来决定打开哪一个帘子，并预先进行练习"的策略。

例如，事先准备好"在游戏参加者选择了 A 帘，并且 A 帘后面的确藏有汽车的情况下，便打开 B 帘"。这样一来，图表 9-2 就需要进行相应的调整，如**图表 9-4** 所示。

图表 9-4　条件概率的设定

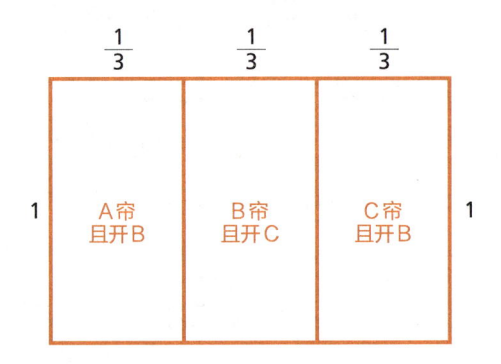

	$\frac{1}{3}$	$\frac{1}{3}$	$\frac{1}{3}$	
1	A 帘 且开 B	B 帘 且开 C	C 帘 且开 B	1

像这样，在使用考虑到分配条件概率的模型时，结论会有所不同，如**图表 9-5** 所示。

图表 9-5 排除不可能发生的情况

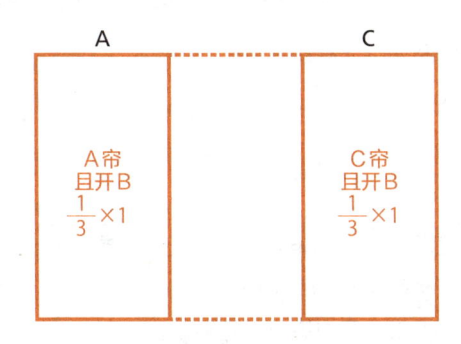

```
        A                    C
    ┌───────┐            ┌───────┐
    │       │            │       │
    │  A帘  │            │  C帘  │
    │ 且开B │            │ 且开B │
    │ 1/3×1 │            │ 1/3×1 │
    │       │            │       │
    └───────┘            └───────┘
```

通过图表 9-5 我们可以了解到，A 和 C 的后验概率会变为相等，各为 1/2。这与想法 1 的结论相一致。

然而，该模型可能会受到如下批判。应该再设定"在游戏参加者选择了 A 帘，并且 A 帘后面的确藏有汽车的情况下，便打开 C 帘"这样的模型。这种情况下，反而会得出"一定要改选 C 帘"的结论。然而，如果对该批判进行深入思考的话，结论会是这样的：由于不能判断汽车的确切位置，或许还是应该对等地处理 B 和 C 会更好一些。然而，这是**将"理由不充分原理"扩展到条件概率的思路**，超出了通常的贝叶斯推理范围。

总之，说到底，**概率性推论依存于"主观"因素——对概率现象结构的想象，因此结论会根据模型的构建方式而不同**。因此可以说，概率性推论并不存在"正确的答案"，至多是"妥当的推论"罢了。这一点在贝叶斯统计学和标准统计学（内曼-皮尔逊统计学）中是相同的。

第9讲·小结

1. 蒙蒂霍尔问题和三个囚犯问题，以两种不同的形式表达了相同的内容。
2. 如果认为一方的观点奇怪，就不得不接受其他的观点。
3. 这两个问题都可以通过贝叶斯推理来进行解答。
4. 笔者认为，由于结论依存于模型的设定（如何想象概率现象），所以没有所谓的"正确答案"。

练习题

在蒙蒂霍尔问题中，假设有 4 个帘子，请尝试通过贝叶斯推理进行求解，并将正确答案填入括号中。

如果选择了 A 帘，则共有 9 种可能性。

	汽车在A帘后面 $\frac{1}{4}$	汽车在B帘后面 $\frac{1}{4}$	汽车在C帘后面 $\frac{1}{4}$	汽车在D帘后面 $\frac{1}{4}$	
$\frac{1}{3}$	A帘且开B	B帘且开C	C帘且开B	D帘且开B	$\frac{1}{2}$
$\frac{1}{3}$	A帘且开C				
$\frac{1}{3}$	A帘且开D	B帘且开D	C帘且开D	D帘且开C	$\frac{1}{2}$

之后，设定主持人打开了 B 帘。
那么此时，
"A 帘且开 B"的概率 =（ $\frac{1}{4}$ ）×（ $\frac{1}{3}$ ）=（ $\frac{1}{12}$ ）
"C 帘且开 B"的概率 =（ $\frac{1}{4}$ ）×（ $\frac{1}{2}$ ）=（ $\frac{1}{8}$ ）
"D 帘且开 B"的概率 =（ $\frac{1}{4}$ ）×（ $\frac{1}{2}$ ）=（ $\frac{1}{8}$ ）
于是，如果要使其满足正规化条件，那么在获得信息"B 帘被打开"的情况下，各后验概率为：
"汽车在 A 帘后面的后验概率"=（ $\frac{1}{4}$ ）
"汽车在 C 帘后面的后验概率"=（ $\frac{3}{8}$ ）
"汽车在 D 帘后面的后验概率"=（ $\frac{3}{8}$ ）
因此结论是，应该（移动 / 不移动）帘子为宜。

专栏 column　关于"幸运"的两条法则

很多人相信"运气"有某种征兆。比如"茶叶棍立起来是吉兆""找到四片叶子的三叶草会得到幸福""木屐带断开是凶兆"等。实际上，对于这类"运气"，有两种典型的思考方式：第一种是"幸运定量法则"，第二种是"幸运唤起幸运的法则"。

第一种思考方式认为："幸运"这种东西有一定的量，如果一段时间内接连发生幸运的事，那么后面幸运将会枯竭，接下来会发生不好的事情。用壶的例子打比方：从装有一定数量的白球（好事）和黑球（坏事）的壶中取出球，如果接连取出的都是白球的话，那么壶中剩余白球的数量将会减少，于是后面就会很容易出现黑球。

与之相反，第二种思考方式认为：走运的时候，好事会连续发生。这正是基于贝叶斯推理学的思维方式。用第 7 讲中的案例来解释：假设有两个壶，A 壶中白球的数量多于黑球，而 B 壶中黑球的数量多于白球。再假设，一个人拿着 A 壶或 B 壶中的某一个，并通过从中取出球来决定自己的命运。但他并不知道自己手里拿着的是 A 壶还是 B 壶，因此只能根据取出的球来推断。正如第 7 讲中说明的那样：如果取出的是白球，则壶 A 的可能性增大；如果取出的是黑球，则壶 B 的可能性增大。于是，如果第一次取出的是白球，这一事实暗示着下次取出白球的可能性会很高，而这正意味着"幸运唤起幸运"的道理。

至于怎样才能收获"幸运"，根据所选择的立场不同，答案也会发生变化。如果采取第一种思路，那么在发生了好事之后，应该做的是"防止余下的幸运流失"；而如果采取第二种思路，那么在发生了好事之后，应该"顺势争取更多的幸运"。

第10讲

掌握多条信息时的推理①
运用"独立试验的概率乘法公式"

10-1　运用多项信息进行贝叶斯推理

在前面几讲中的案例，在运用贝叶斯推理时，都只是获取到了一项信息。例如，第1讲中，面前的顾客会/不会上前询问；第2讲中，只有1种癌症检查；第3讲中，女性同事会/不会送出巧克力；第4讲中，第一胎的性别，等等。每个案例中，最终获得的信息都只有一项。

但**一般所指的"推理"需要多项信息作为辅助**。因此，我们需要了解获得多项信息时的推理方法。而在已经获得多项信息的情况下进行推理时，贝叶斯推理有着十分重要的特性。接下来，会通过4讲内容（包括本讲）对于**"获得多项信息时的推理"**进行解释说明。

10-2　将两个试验结合起来

我们面对的每个案例，都有多个可能的结果。而为每种可能性分配各自的概率的这个现象，被称为**"试验"**。此前我们只是将其称为"信息"，而接下来会使用"试验"这个用语。例如，投掷一枚骰子并观察投出的点数，这就是"试验"的一种。还有，明天的天气可能会出现"晴天""多云""雨天""雪天"这4种情况，而确认究竟是哪一种情况，也是一种"试验"。

当两种试验并存时，将它们结合起来，并将其看作另一项试验。接下来我们要做的是，思考可能发生的各种情况的概率。

为了方便理解，我们下面举一个人为的例子来进行说明。

第一个试验，抛一枚均匀的硬币，并总结抛出正面和反面的概率。第二个试验，掷一枚均匀的骰子，并总结掷出点数的概率。然后，把这两个试验的结果结合起来，组成第三个试验。例如，第一个试验的结果是"正面"，第二个试验的结果是点数"4"，把这两个结果组合起来，就得到了第三个试验的结果"正面&4点"。这样的试验称为"**直积试验**"，结果如图表10-1所示，共有 2×6=12 种情况。

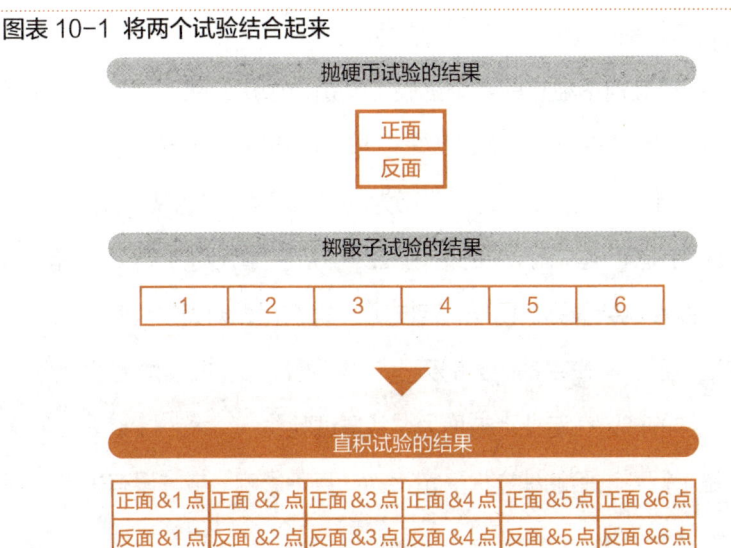

图表 10-1 将两个试验结合起来

抛硬币试验的结果
正面
反面

掷骰子试验的结果					
1	2	3	4	5	6

▼

直积试验的结果					
正面&1点	正面&2点	正面&3点	正面&4点	正面&5点	正面&6点
反面&1点	反面&2点	反面&3点	反面&4点	反面&5点	反面&6点

如图所示，直积试验的结果用格子的形状来表示。"格子形状"的含义是：横向按照 1~6 的顺序排列，纵向按照正面/反面的顺序排列。像这样，**将直积试验的结果用格子形状表示，有着重要的意义——使概率的计算变得简单**。顺便说一下，"直积"是一个数学用语。它的含义是：用格子形状进行排列，并编成组。

10-3 用乘法运算得出独立的直积试验的概率

下面，我们针对这两个试验的独立性进行说明。

"两个试验的独立性"的含义，简单地说，就是指**"两个试验的结果不会互相影响"**。例如，上一节中提到的"抛硬币"的试验和"掷骰子"的试验中，硬币抛出正面的结果，不会影响掷骰子的点数；而掷骰子出现 4 点的结果，也不会影响硬币抛出正面还是反面。也就是说，我们可以直观感受到："硬币的正反"和"骰子的点数"这两个结果是互相不影响的，这就是所谓的**"试验的独立性"**。

那么，**"互相不独立的两个试验"**又是什么样的呢？举一个容易理解的例子来说，"东京都明天的天气"与"神奈川县明天的天气"，不能认为这二者是"毫无关联"的吧。因为神奈川县紧邻东京都，若推测"东京都明天的天气"是"雨天"的话，那么"神奈川县明天的天气"也是"雨天"的可能性就会很高。同样，若推测"神奈川县明天的天气"为"雪天"的话，那么"东京都明天的天气"是"雪天"的可能性也会比平时要大。这样的试验在专业上被称为**"从属试验"**。

但是，把"试验的独立性"定义为"互不影响"或"没有关系"等方式,并不能算得上十分高明。这是因为,"一项试验对于另一项试验是否产生影响"的问题,很难用数学计算进行描述。在这里,我们将**独立性定义为:"一方对另一方不产生影响"以及"直觉上认为它们有着相同意义的数学计算"**,具体说明如下:

在这里,我们再一次通过之前抛硬币和掷骰子的试验进行说明。

投掷骰子的结果,出现 1 点或其他点数的概率均为 1/6。之后,我们再来关注一下"将抛硬币和掷骰子这两个试验编为一组的直积试验"。在直积试验中,假设单独把"正面"的结果抽取出来,那么掷骰子出现各个点数的概率是多少呢?如果设定"掷出 1 点相对容易(概率大于 1/6)",那么,抛硬币的结果为"正面",就会对骰子的点数产生影响。

因此,如果"正面"这一结果对于骰子的点数不会产生影响,那么,即使仅仅抽出"正面"的情况,骰子出现各个点数的概率也还是相等的。如果用格子形状的**图表 10-2** 来解释的话,即,上面一行表示结果为"正面"的 6 个长方形的面积(表示概率)都是相等的。同样地,下面一行表示结果为"反面"的 6 个长方形的面积也是相等的。

图表 10-2 独立试验的面积

6 个长方形面积全部相等

正面 &1 点	正面 &2 点	正面 &3 点	正面 &4 点	正面 &5 点	正面 &6 点
反面 &1 点	反面 &2 点	反面 &3 点	反面 &4 点	反面 &5 点	反面 &6 点

上下两个长方形的面积相等

6 个长方形面积全部相等

在这个阶段,我们还无法知晓上下两个长方形的面积是否相等。而当我们把掷骰子出现 6 点的情况抽取出来,并考虑到这个结果并不会对硬币抛出正面或是反面的概率产生影响，就能判断出，右侧上下的两个长方形的面积是相等的。于是，从上述的内容我们可以得知：**排列成格子形状的 12 个长方形的面积都是相等的**。

那么，用来表示各个试验（把抛硬币和掷骰子两个实验合为一组的试验）结果概率的长方形面积是多少呢？考虑到标准化条件（相加之和为 1），就可以知道：每个长方形的面积都是 1/12。而长方形的个数之所以是 12 个，原因在于抛硬币的结果共有 2 种情况，而掷骰子的结果共有 6 种情况。接下来我们可以进行以下变形：

长方形的面积

$$= \frac{1}{12}$$
$$= \frac{1}{2} \times \frac{1}{6}$$

= 抛硬币的结果之一的概率 × 掷骰子的结果之一的概率

根据上面的计算公式，各组试验的具体情况可以表示为：

"正面 & 1 点"的概率 = 出现"正面"的概率 × 出现"1 点"的概率

或者"反面 & 5 点"的概率 = 出现"反面"的概率 × 出现"5 点"的概率，等等。

换言之，**各组的概率，即为各项概率的乘积**。

10-4 独立试验概率的乘法公式

本节对上述内容再作一次一般性的描述。

在上一节提到的抛硬币和掷骰子的案例中，长方形被划分为完全均等的面积。这个例子具有其特殊性，这是因为抛硬币出现"正面"或"反面"的概率是相等的，而掷骰子出现从 1 到 6 点数的概率也是相等的。接下来，我们来探讨出现各种情况的概率不等的问题，并对其进行抽象处理。

例如，第一个试验的结果共有可能出现 a、b、c、d 四种情况，第二个试验的结果共有可能出现 x、y、z 三种情况。而每种情况发生的概率各自都不一定相同。当这两个试验分别独立的情况下，直积试验可以绘制成**图表 10-3** 所示的样子。

图表 10-3　两个独立试验组合而成的直积试验。

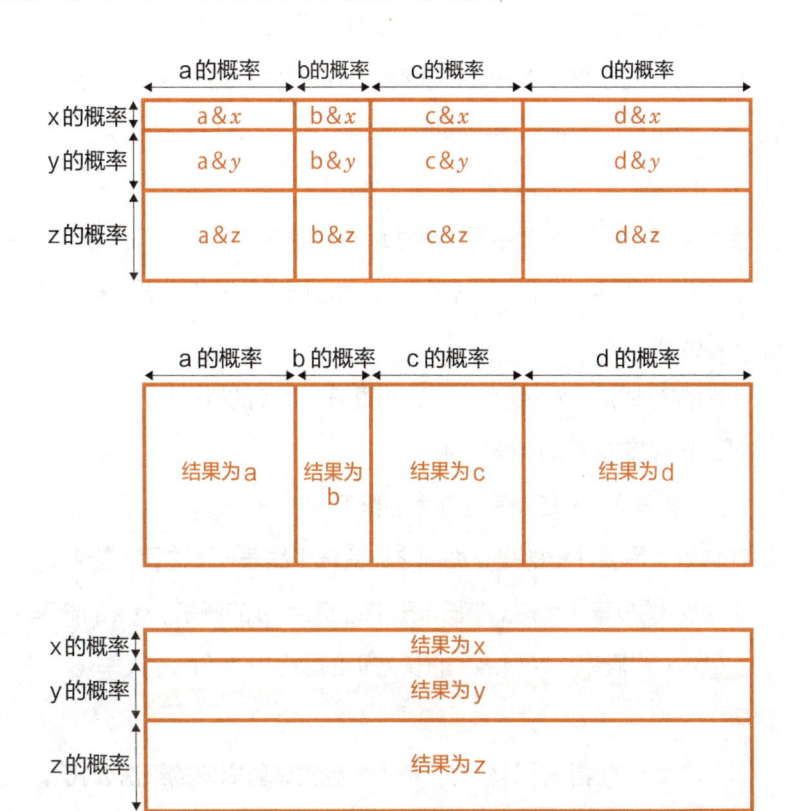

	a 的概率	b 的概率	c 的概率	d 的概率
x 的概率	a&x	b&x	c&x	d&x
y 的概率	a&y	b&y	c&y	d&y
z 的概率	a&z	b&z	c&z	d&z

	a 的概率	b 的概率	c 的概率	d 的概率
	结果为 a	结果为 b	结果为 c	结果为 d

x 的概率	结果为 x
y 的概率	结果为 y
z 的概率	结果为 z

抽取其中 1 行进行横向观察，会发现 4 个长方形的面积各不相等。之后，再观察其中 1 列，会发现 3 个长方形的面积也是各不相等的。但需要注意的是，抽取其中 1 行进行观察时，4 个长方形的面积的**比例关系**，与其他行是一样的；而抽取其中 1 列进行观察时，3 个长方形的面积的**比例关系**，也与其他列是一样的。

抽取其中 1 行进行观察时，长方形面积的比例关系，也就是第一个试验中的各项结果的概率比：

（a 的概率）:（b 的概率）:（c 的概率）:（d 的概率）

而只要擦掉图表 10-3 的第 2 张图中间的横线就会明白，4 个长方形可以用来表示试验的 a、b、c、d 四种结果的可能性。

同样地，抽取其中 1 列进行观察时，长方形的面积的比例关系，也就是第二个试验中的各项结果的概率比：

（x 的概率）:（y 的概率）:（z 的概率）

而只要擦掉第 3 个图中间的横线就一目了然。

通过以上叙述，我们可以得知：被分割的 12 个长方形的横边长度按以下顺序排列为：

（a 的概率）、（b 的概率）、（c 的概率）、（d 的概率）

纵边长度按以下顺序排列为：

（x 的概率）、（y 的概率）、（z 的概率）

在这里，需要注意的是，面积之比变成了线段长度之比，因此，

（a&x 的概率）=（a&x 的长方形的面积）=（a 的概率）×（x 的概率）

（b&x 的概率）=（b&z 的长方形的面积）=（b 的概率）×（z 的概率）

上述类别的乘法计算公式，称为**"独立试验概率的乘法公式"**。

第10讲·小结

1. 把两个试验组合在一起的直积试验，需要把长方形分割成格子形状，并通过图来表示。
2. 两个独立试验的含义是：直观来讲，一方的结果不会对另一方的结果产生影响。
3. 两个试验各自独立时，下列概率乘法公式成立：

   {（第一个试验的结果为 a、第二个试验的结果为 x）的概率}
   = a 的概率 × x 的概率

练习题

投掷一大一小 2 个骰子，然后把概率填入括号中。

（1）{（大的为 2 点）&（小的为 3 点）}的概率
={（大的为 2 点）的概率} × {（小的为 3 点）}的概率}
=（　　）×（　　）=（　　　）

（2）{（大的点数为偶数）的概率}&{（小的点数为 5 以上）}的概率
={（大的点数为偶数）的概率} × {（小的点数为 5 以上）的概率}
=（　　）×（　　）=（　　　）

第11讲

掌握多条信息时的推理②
以垃圾邮件过滤器为例

11-1　垃圾邮件过滤器以贝叶斯推理为基础

在进行统计推算与贝叶斯推理等概率推算时，通常需要两条以上的信息。并且，信息数量越多，推算出的结果可信度越高。后面的三讲，会讲解如何利用多条信息来进行推算的问题，而其中的要点则是上一讲中提到的"**概率的乘法公式**"。在这一讲，会讲解如何利用两条信息来计算出后验概率。

本讲主要探讨**垃圾邮件过滤器**的问题。

所谓的垃圾邮件，指的就是一些不良商家通过网络随意发送的广告邮件。而垃圾邮件过滤器的功能之一就是自动判别垃圾邮件，并把它归入"垃圾邮件"的分类中。

事实上，贝叶斯推理的实际应用中，最广为人知的正是这种垃圾邮件过滤器。而目前，垃圾邮件过滤器已经被引进更为广泛的网络邮件服务当中。读者们在使用该服务之后，都会为它在分类判断方面的准确性而惊叹不已，而这一切都要归功于贝叶斯推理。

11-2 在过滤器上设置"先验概率"

和前面的操作步骤相同,第一步是设定事前类别,并在获得一条信息之后,计算出后验概率。

在这里我们要做的,并不是"自己去判断收到的邮件是否为垃圾邮件",而是为大家讲解"电脑会对所收到的邮件做出机械判断"的原理。

首先,电脑在对收到的邮件进行扫描之前,会为每个类别分配"这封邮件是垃圾邮件还是正常邮件"先验概率。在这里,利用"理由不充分原理"(见 3-2),使双方各占 0.5 的概率。

这就意味着,对于接收到的邮件,过滤器会做出"垃圾邮件的概率是 0.5,正常邮件的概率也是 0.5"的判断。而此时如果有可信度更高的概率,也可以将其设定为先验概率,如**图表 11-1** 所示。

图表 11-1 理由不充分原理的先验概率

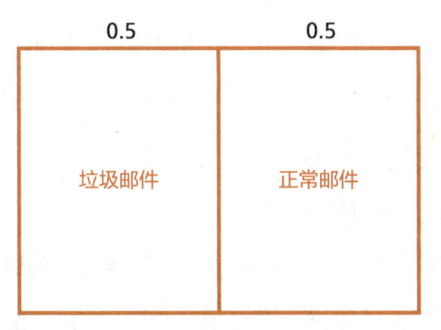

0.5	0.5
垃圾邮件	正常邮件

11-3 扫描字句与条件概率的设定

接下来要做的是，设定一些在垃圾邮件里常见的字句及特征。但需要注意的是，"贴有其他网页的 URL 链接"这一特征，是电脑判断一封邮件疑似为垃圾邮件的关键点。实际上，大多垃圾邮件的目的确实是引诱读者访问其他网址，因而附带有 URL 的链接。因此，如果符合以下稳固关系，即：

垃圾邮件→ URL 上有链接

正常邮件→ URL 上无链接

那么就可以排除掉所有的垃圾邮件。当然，按照 5-3 推论中的解说，也可以通过逆向思维做出如下判断：

URL 上有链接→垃圾邮件

URL 上无链接→正常邮件

然而遗憾的是，多多少少会有那么几封垃圾邮件中并没有其他链接，而来自朋友和公司的邮件中却附带链接，这就难办了。在这种情况下，就必须使用 5-3 中提到的概率推论相关的"可能性"判断方法，即：

URL 上有链接→可能是垃圾邮件

URL 上无链接→可能是正常邮件

对于这种"可能性"进行数值评价，需要运用到贝叶斯推理。

因此，就很有必要设定：垃圾邮件中附带 URL 的比例，以及正常邮件中附带 URL 的比例各占多少。为了方便计算，以下采用虚构的数据来进行简单运算，如**图表** 11-2、11-3 所示。

图表 11-2 附带链接的条件概率

类别	附带链接的概率	无链接的概率
垃圾邮件	0.6	0.4
正常邮件	0.2	0.8

图表 11-3 4 种互不相同的可能性

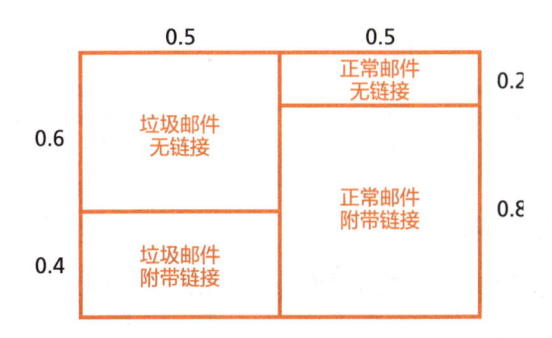

```
            0.5            0.5
       ┌──────────┬──────────────┐
       │          │  正常邮件    │ 0.2
       │ 垃圾邮件 │  无链接      │
  0.6  │ 无链接   ├──────────────┤
       │          │              │
       ├──────────┤  正常邮件    │
       │ 垃圾邮件 │  附带链接    │ 0.8
  0.4  │ 附带链接 │              │
       └──────────┴──────────────┘
```

虽然之前已经进行过说明，但为了保险起见，下面，再一次对图表 11-3 进行讲解。

现在，过滤器要对刚刚收到的一封邮件进行检查。此时的过滤器将会面临四种情况。首先，把收到邮件的可能性分为垃圾邮件和正常邮件两类。然后，根据有无链接，再各自分为两类。所以，一共存在四种可能性。接下来，再进一步判定究竟哪一种可能性是符合实际的。

11-4 根据扫描结果，计算垃圾邮件的贝叶斯逆概率

过滤器扫描完邮件后得到的结论是"附带链接"。此时，就不必再考虑"无链接"的两种可能性，只需要考虑剩余的两种可能性，如**图表 11-4** 所示。

图表 11-4　可能性被限定为两种

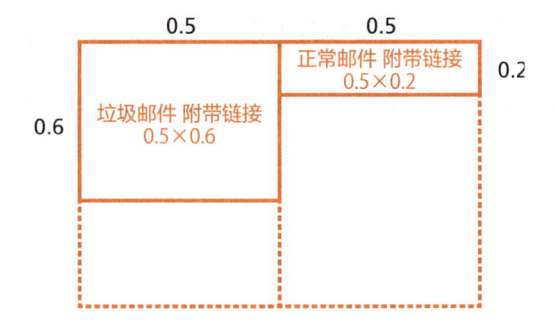

```
              0.5              0.5
         ┌─────────┬───────────────────┐
         │         │  正常邮件 附带链接 │ 0.2
    0.6  │         │     0.5×0.2       │
         │ 垃圾邮件 附带链接            │
         │      0.5×0.6                │
         └─────────┴───────────────────┘
```

恢复标准化条件（相加之和为1）之后，通过这张图可以计算出后验概率为：

在有链接的情况下，

（垃圾邮件的后验概率）:（正常邮件的后验概率）

=0.5×0.6:0.5×0.2

=0.6:0.2

=3:1

=3/4:1/4

所以，过滤器判断出

(附带链接的垃圾邮件的后验概率)= 3/4=0.75

在扫描之前，垃圾邮件的概率被设定为 0.5；而通过扫描发现链接之后，垃圾邮件的概率上升到了 0.75，如**图表 11-5** 所示。

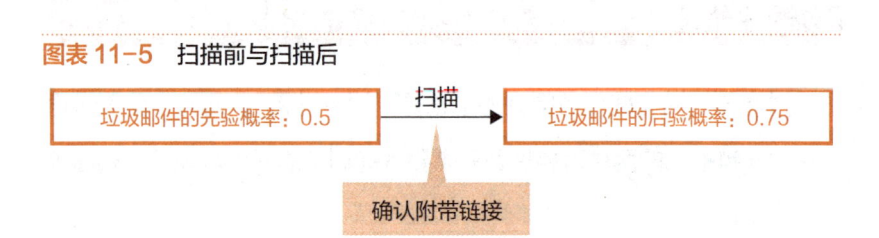

图表 11-5　扫描前与扫描后

垃圾邮件的先验概率：0.5　→扫描→　垃圾邮件的后验概率：0.75

↑
确认附带链接

在这种情况下，"正常邮件的后验概率"为 0.25，但这一概率并不为 0，所以**垃圾邮件的可能性增大**，然而，并不能就此判定它就是垃圾邮件。例如，尽管在过滤器上设定了"如果垃圾邮件的后验概率超过 0.95，就自动把它移到垃圾箱里"，但有可能这封邮件并没有被移动到垃圾箱里，而是被划分到收件箱中。

11-5 获得第2条信息后，可能性随之变为8种

通过上一节中我们了解到，即使在获得了"附带链接"的信息之后，也只能初步判断这封邮件极有可能是垃圾邮件，但不能确定它一定会被移动到垃圾箱中。因此，过滤器会通过添加其他的信息，再次进行判断。现在我们添加一个条件：把"幽会"一词作为关键词来进行检索。"幽会"一词出现的概率和不出现的概率，如**图表 11-6** 所示。

图表 11-6　附带链接的条件概率

类别	有幽会的概率	无幽会的概率
垃圾邮件	0.4	0.6
正常邮件	0.05	0.95

此时，过滤器在扫描邮件时，除了"附带链接"之外，又增加了含有"幽会"一词的条件，通过这两个条件来判别垃圾邮件。

首先，在图表 11-2 共体现了两种可能性，而在**图表 11-7** 中，这两种可能性各自又分为 4 种可能性，所以共计有 8 种可能性，这 8 种可能性各自的概率如图表 11-7 的下部所示。

图表 11-7　附带链接的条件概率

4 种可能性		
	含有"幽会"	不含"幽会"
附带链接	附带链接且含有"幽会"	附带链接且不含"幽会"
无链接	无链接且含有"幽会"	无链接且不含"幽会"

垃圾邮件		
	含有"幽会"	不含"幽会"
附带链接	0.6×0.4	0.6×0.6
无链接	0.4×0.4	0.4×0.6

正常邮件		
	含有"幽会"	不含"幽会"
附带链接	0.2×0.05	0.2×0.95
无链接	0.8×0.05	0.8×0.95

要注意的是,垃圾邮件和正常邮件的概率分列在两个表中。这样做的原因是,被检查邮件是垃圾邮件或是正常邮件的两种情况下,概率是完全不同的。并且,在上述两种情况下,被扫描的特征(附带链接或不带链接、含有"幽会"或不含"幽会")出现的概率也是完全不同的。因此,必须分开计算各自的概率。

上述两种情况下,共有 8 种可能性,每一种的概率分别列出,如**图表 11-8** 所示。

图表11-8　8种互不相同的可能性

	垃圾邮件 (0.5)	正常邮件 (0.5)	
附带链接且 含有"幽会"	0.5×0.6×0.4	0.5×0.2×0.95	附带链接且 含有"幽会"　0.5×0.2×0.05
		0.5×0.8×0.05	附带链接且 不含"幽会" 无链接且 含有"幽会"
附带链接且 不含"幽会"	0.5×0.6×0.6	0.5×0.8×0.95	无链接且 不含"幽会"
无链接且 含有"幽会"	0.5×0.4×0.4		
无链接且 不含"幽会"	0.5×0.4×0.6		

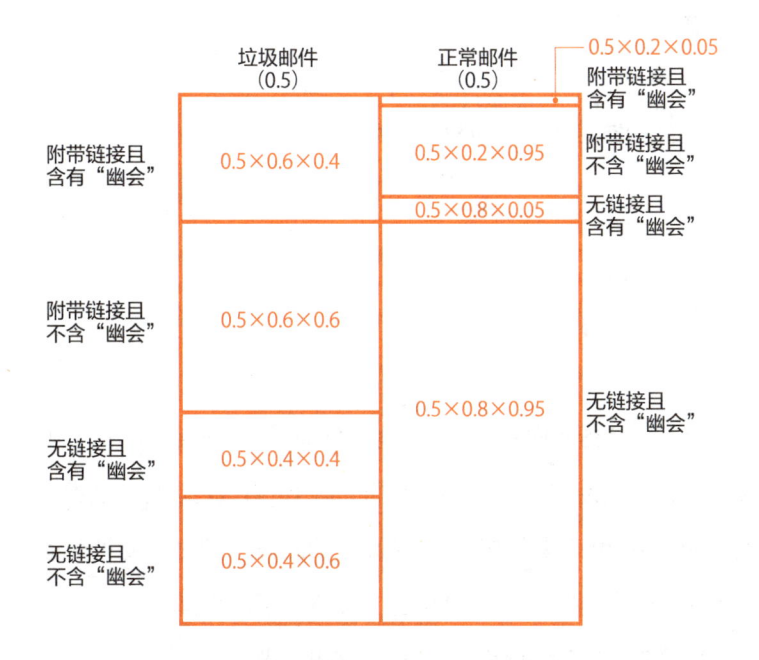

　　图表 11-8 的左列（垃圾邮件列）对应图表 11-7 正中的概率表，右列（正常邮件列）对应图表 11-7 最下面的概率表。

　　在这里，请大家进一步确认一个问题：类别的概率 0.5 也要乘进去。原因在于，它是异于独立性而存在的。而这一点是条件概率的特征，具体的相关内容会在第 15 讲中进行讲解，此处暂且不多作讨论。

11-6　从2个信息可以消去不可能的情况

　　在设定上述概率的前提下，过滤器对邮件进行扫描，通过检查是否附带"链接"、是否含有"幽会"一词这两个条件，来计算该邮件为垃圾邮件的概率。图表 11-8 中共有 8 种可能性，而只有最上面的 2 种有可能是垃圾邮件的。于是，留下最上面的 2 个，排除掉下面的 6 个，结果如**图表 11-9** 所示。

图表 11-9 扫描之后只剩下两种可能性

```
                    垃圾邮件          正常邮件         0.5×0.2×0.05
                     (0.5)            (0.5)          附带链接且
                                                     含有"幽会"
    附带链接且
    含有"幽会"       0.5×0.6×0.4
```

总之，过滤器所检查的邮件分为两种情况，一种是垃圾邮件（附带链接且含有"幽会"），一种是正常邮件（附带链接且含有"幽会"）。两者的比例关系，也就是图中的概率之比。因此，接下来通过标准化条件，可以计算出附带链接且含有"幽会"一词时的后验概率。

（垃圾邮件的后验概率）:（正常邮件的后验概率）

=0.5×0.6×0.4:0.5×0.2×0.05

=0.6×0.4:0.2×0.05

=0.24:0.01

=24:1

=24/25:1/25

通过标准化条件运算，在附带链接且含有"幽会"一词的情况下，

（垃圾邮件的后验概率）=24/25=0.96

假若在垃圾邮件过滤器上设定一种情况：如果垃圾邮件的后验概率超过 0.95，就自动把它移到垃圾箱。那么，在这种情况下，这封邮件就会被移动到垃圾箱，而不会出现在收件箱中。

在获得以上两条信息的前提下，通过贝叶斯推理的过程，如图表 11-10 所示。

图表 11-10　扫描之前与扫描两次之后

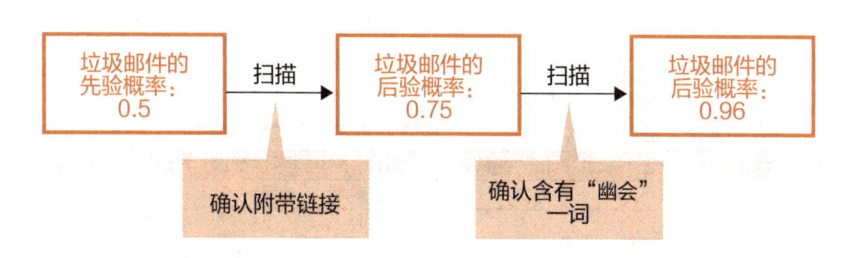

垃圾邮件的先验概率：0.5 →(扫描)→ 垃圾邮件的后验概率：0.75 →(扫描)→ 垃圾邮件的后验概率：0.96

确认附带链接

确认含有"幽会"一词

如图所示，使用 2 条信息推算出的结论，比起仅仅使用 1 条信息来推算，检索出垃圾邮件的概率会更高。

第 11 讲·小结

1. 使用 2 条信息进行贝叶斯推理的方法与之前基本一致。
2. 进行先验概率的类别设定，使用了 2 种情况下的 2 条信息，共有 8 种可能性。
3. 利用乘法公式，可以计算出 8 种可能性各自的概率。
4. 使用 2 条信息推算出的结论，比起仅仅使用 1 条信息来推算，检索出垃圾邮件的概率会更高。

> **练习题**

假设,有两种方法(检查方法1和检查方法2)能够检查出是否患有癌症。这两种检查方法的原理完全不同。因此,当癌症患者通过其中一种方法检查出了阳性时,采用另一种方法反而很难检测出阳性。所以,要分开进行试验。对于健康人来说,检查时也是一样的。下面我们来思考以下设定。

※ 类别的先验概率:患癌的概率为 0.001,健康的概率为 0.999

▼检查方法1的条件概率

类别	阳性概率	阴性概率
癌症患者	0.9	0.1
健康者	0.1	0.9

▼检查方法2的条件概率

类别	阳性概率	阴性概率
癌症患者	0.7	0.3
健康者	0.2	0.8

基于以上设定,在下面的括号中填入适当的数字。

(1)只通过检查方法1检查出阳性的情况

(患癌症且通过检查方法1检查出阳性)的概率
= ( ) × ( ) = ( ) ⋯ (a)

(健康且通过检查方法1检查出阳性)的概率
= ( ) × ( ) = ( ) ⋯ (b)

以上(a)和(b)的比值满足标准化条件

(a):(b)

$$= \frac{(\quad)}{(\quad)+(\quad)} : \frac{(\quad)}{(\quad)+(\quad)}$$

= ( ):( )

当通过检查方法1检查出阳性时,
患癌症的后验概率 = ( )

(2)同时采用检查方法1、2,并且两次检查结果都是阳性的情况想

(患癌症且通过检查方法1、2均检查出阳性)的概率
= ( ) × ( ) × ( ) = ( ) ⋯ (c)

(健康患癌症且通过检查方法1、2均检查出阳性)的概率
= ( ) × ( ) × ( ) = ( ) ⋯ (d)

上面的(c)和(d)的比值满足标准化条件

(c):(d)

$$= \frac{(\quad)}{(\quad)+(\quad)} : \frac{(\quad)}{(\quad)+(\quad)}$$

= ( ):( )

当通过检查方法1、2均检查出阳性时,
患癌症的后验概率 = ( )

第12讲

在贝叶斯推理中可以依次使用信息
"序贯理性"

12-1 在进行贝叶斯推理时，即使忘记了之前的信息也是合乎逻辑的

上一讲中，以垃圾邮件过滤器为例，对于从 2 条信息中计算出来后验概率的进行了解释说明。结论如**图表 12-1** 所示。

图表 12-1 依据两条信息进行贝叶斯推理

```
┌──────────┐  信息①  ┌──────────┐  信息②  ┌──────────┐
│ 各个类别的 │ ──────→│ 各个类别的 │ ──────→│ 各个类别的 │
│ 先验概率  │        │ 后验概率① │        │ 后验概率② │
└──────────┘        └──────────┘        └──────────┘
```

实际上，像这样通过连续收集到的信息而进行的连续推理（称为**逐步推理**），具有十分奇妙的性质。简单地说，就是"**通过获得信息①而修改了各个类别的概率之后，再通过信息②来进行推理时，可以暂时忘记之前的信息①，这样做是没有问题的**"。这在专业上被称为"序贯理性"，也是贝叶斯推理的突出性质之一。本讲将继续以上一讲中的垃圾邮件过滤器为例，来对这个性质进行说明。

图表 12-2　依据从信息①中得到的信息进行贝叶斯推理

```
         垃圾邮件           正常邮件
          (0.5)              (0.5)
                      ┌──────────────────┐
                      │   正常邮件且附带链接  │ 0.2
      ┌───────────────┤                  │
      │  垃圾邮件且附带链接 ├──────────────────┤
  0.6 │               │                  │
      │               │   正常邮件且无链接   │ 0.8
      ├───────────────┤                  │
  0.4 │  垃圾邮件且无链接  │                  │
      └───────────────┴──────────────────┘

                        ▼

          0.5              0.5
                      ┌──────────────────┐
                      │  正常邮件且附带链接  │ 0.2
                      │    0.5×0.2       │
      ┌───────────────┼──────────────────┘
  0.6 │ 垃圾邮件且附带链接  │
      │   0.5×0.6     │
      └───────────────┘
```

在信息①的前提下，
（垃圾邮件的后验概率）：（正常邮件的后验概率）
=0.3：0.1=0.75：0.25

12-2　把从信息①中得到的后验概率，设为"先验概率"

首先，我们来回顾上一节中最初的推理过程（从"附带链接"这一信息中得到的后验概率）。

事前设定"垃圾邮件"和"正常邮件"这2种类别，它们的先验概率均为0.5（理由不充分原理）。然后，将每个类别再分为"附带链接"和"无链接"两种情况，并计算每种可能性的概率。

现在，扫描出来的结果是检出了"附带链接"（我们将其称为信息①）。根据信息①计算后验概率，图表12-1中显示，推测结果是垃圾邮件的后验概率①为 3/4，结果是普通邮件的后验概率①为 1/4。

换言之，根据信息①，先验概率由各为 0.5，变更（更新）为 0.75 和 0.25 这一后验概率，如**图表 12-2** 所示。

接下来，我们来试着做一个有趣的构想：把**计算出的后验概率再次设定为各个类别的先验概率**，如**图表 12-3** 所示。

图表 12-3 把从信息①得出的后验概率，设定为先验概率

0.75	0.25
垃圾邮件	正常邮件

这个构想的含义是：暂且不考虑变更的原因，而是先将目前正在检查的邮件中垃圾邮件的先验概率设定为 0.75，普通邮件的先验概率设定为 0.25。换言之也就是：**虽然忘记了原因，但总结果是设定了这样的先验概率**。

这个假设并非毫无道理。说起来，**先验概率原本就是在没有根据的情况下设定的**。即便是从主观上来讲，这个问题都可以不作考虑。因此，即使把根据信息①推算出的后验概率设定为新的先验概率，也没有任何不妥。

12-3 通过信息②进行贝叶斯更新

那么，像图表 12-3 所示的那样，使用第二次设定的各个类别的先验概率，检索出第二条信息——含有"幽会"一词（称为"信息②"），并计算后验概率。这便是之前已经多次试验过的、通过一条信息进行的贝叶斯推理，因而很容易理解和操作。

图表 12-4 使用信息②，通过贝叶斯推理计算出后验概率

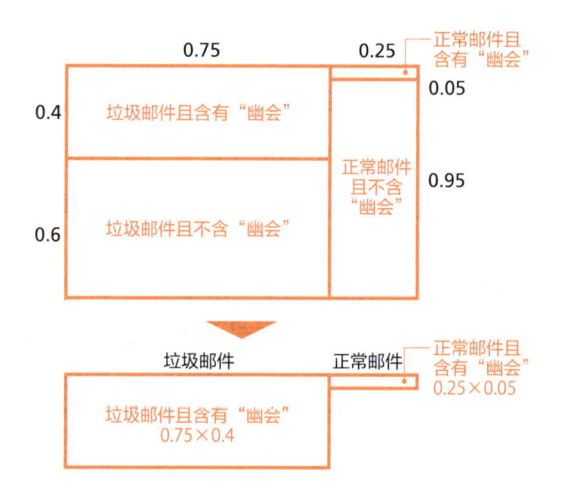

如**图表 12-4** 所示，互不相同的可能性共有 4 种，那么下一步就是进行乘法运算，得出每种可能性的概率。事实上，由于已经检索到了"幽会"一词，那么便可以排除掉其中不含"幽会"的两种情况，留下剩余的两种情况。接下来，使这个概率的比满足标准化条件（相加之和为 1）。于是，在检索到"幽会"一词的情况下，后验概率为：

（垃圾邮件的后验概率）:（正常邮件的后验概率）

=0.75×0.4 : 0.25×0.05

=3×8 : 1×1

=24 : 1

=$\frac{24}{25}$: $\frac{1}{25}$

这个结果，和上一讲中使用两条信息（这里的信息①和信息②）进行的贝叶斯推理得出后验概率的结果，是完全一致的。

那么，为什么这两个结果会一致呢？难道只是偶然的吗？事实上并非如此，这样的结果是必然的，而原因却出乎意料地简单。

图表 12-5 依据两条信息进行修改的结果和逐步修改的结果一致的原因

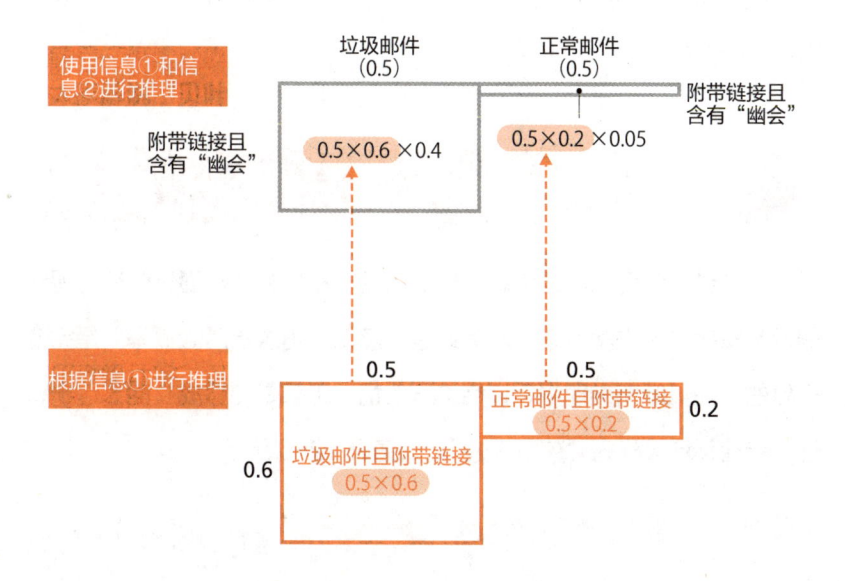

使用信息①和信息②进行推理

垃圾邮件 (0.5)　　正常邮件 (0.5)

附带链接且含有"幽会"

0.5×0.6 ×0.4　　0.5×0.2 ×0.05

根据信息①进行推理

0.5　　0.5

正常邮件且附带链接 0.5×0.2　　0.2

垃圾邮件且附带链接 0.5×0.6　　0.6

下面来看**图表 12-5**。上半部分,即上一讲中通过两条信息(这里的信息①和信息②)一次性计算出后验概率时使用的图。

而下半部分,是本讲中图表 12-2 中的图。它是通过信息①,逐个修改各个类别的概率而得出的后验概率的比例。

需要确认的是:下方的长方形中的乘法运算,与上方的长方形中的"3 个数的乘积"中的"前 2 个数的乘积"是一致的。即把下方的比例关系作为各个类别之比,然后,通过信息②进行贝叶斯推理,如图表 12-4 所示,这样就会出现和上方的乘法运算完全相同的计算方式。这样便出现了**"把通过信息①得出的后验概率设为先验概率,然后通过信息②,再求出后验概率"**和**"通过同时利用信息①和信息②求出的后验概率"是一致的**奇妙结果。

总而言之,利用乘法运算求出的概率,只要能够顺利运行,就能够得出这样的特性。

12-4 贝叶斯推理具有智慧性

"通过同时利用两条信息求出的后验概率"和**"把通过信息①得出的后验概率设为先验概率,然后通过信息②,再求出后验概率"是完全一致的**,在贝叶斯推理中,该结论一般情况下都是能够成立的。这一特性在专业领域被称为**"序贯理性"**,如**图表 12-6** 所示。

图表 12-6　序贯理性

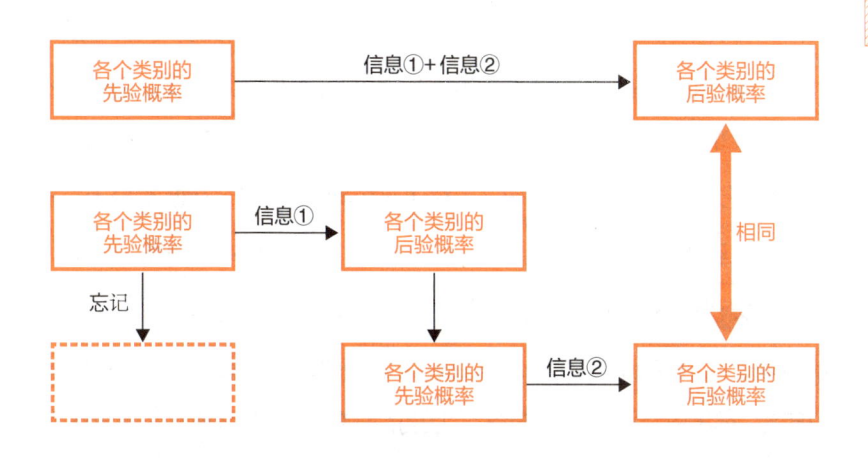

```
各个类别的          信息①+信息②          各个类别的
先验概率         ───────────────→        后验概率
                                              ▲
                                              │
各个类别的    信息①    各个类别的             │ 相同
先验概率    ──────→    后验概率               │
   │                       │                  │
   │忘记                    │                  │
   ▼                       ▼                  ▼
┌ ─ ─ ─ ┐            各个类别的   信息②    各个类别的
              先验概率    ──────→    后验概率
└ ─ ─ ─ ┘
```

"序贯理性"的成立，也就是指：即使不同时使用信息，也就是逐步地（依次地）使用，也能够得出相同的结果。换言之，就是"**即使忘记了之前使用过的信息也没问题**"的意思。这是因为它在后验概率中得到了体现，而如果将后验概率视为**先验概率，只要进行新的推理，结果就不会发生变化。**

这让我们了解到贝叶斯推理的神奇所在。一直以来，我们都在使用庞大的信息来推算概率，而如果每次都动用所有的信息来进行推测的话，就会非常麻烦。同时，脑中需要存储的信息量也会变得很大。另一方面，只使用过一次的信息，即使后来丢掉，其结果也已经完全反映到了当前的推理中，只要运用得当，在效率高的同时又不费力气。而贝叶斯推理正是具备了上述功能。

这也可以说是一种"**学习功能**"。贝叶斯推理中，修改过的"各个类别的后验概率"，已经使用了所有的信息。也就是说我们可以将其看作"从信息中学习到的结果"。贝叶斯推理正是具备了"**收集信息并自**

动变聪明"的功能。

打个比方来讲,贝叶斯推理拥有"人类特性"的功能。我们总是对他人的能力和人性等进行评估。这时,我们并不是始终"调动迄今为止的记忆来进行评价"的,而是通过观察这个人的某些行为,做出对其印象的判断。一般情况下,这些行为事后就会被忘记了。在此基础上形成的印象,经历了下一次新的观察之后,也会再一次被转化为新的印象。

如果我们不断地重复"信息"→"修改印象"→"遗忘信息"的过程,慢慢地就会形成了对这个人的固定评价。重要的是,像这样通过逐步"修改印象"得出的结果,与"通过迄今为止的所有观察,一次性形成的印象"之间,并没有太大的偏差。因此,我们没有必要总是"从白纸开始思考",这样会耽误大量的时间和精力。贝叶斯推理,其实就像我们日常每天都在做的"印象的修改"和"学习"等一样,只不过是运用了系统的数值来进行计算。

据此,我们能够得出"**从某种意义上来讲,贝叶斯推理是一种具备人类特性的推理方式**"的结论。因此,如果在互联网商业中使用贝叶斯推理,就等于增加了一个能干的店员,营业能力会大大提高。这正是贝叶斯推理在电子商务中受到瞩目的重要原因之一。

1. "同时使用两条信息得出的后验概率",与"把通过第一条信息中求出的后验概率设定为先验概率,再通过第二条信息,再一次得出后验概率",二者的结果通常是一致的。
2. 上述 1 的性质被称为序贯理性。
3. 序贯理性可以看作学习功能的一种。
4. 在贝叶斯推理中,即使忘记了之前的推测中使用过的信息,也是没有问题的。

> **练习题**

以自己对于女同事来说是"真命天子"还是"无关路人"为例来进行推理,思考关于"序贯理性"的问题,进行以下设定:

※ 先验概率:"真命天子"的概率为 0.5、"无关路人"的概率为 0.5。

▼送出 / 不送巧克力的条件概率

类别	送出巧克力的概率	不送巧克力的概率
真命天子	0.4	0.6
无关路人	0.2	0.8

▼送出 / 不送巧克力的条件概率

类别	频繁发送的概率	基本不发的概率
真命天子	0.6	0.4
无关路人	0.3	0.7

接下来,请在下面的括号中填入合适的数值。
根据收到巧克力这一信息进行修改
(真命天子 & 送出巧克力)的概率 = (　) × (　) = (　) ……(a)
(无关路人 & 送出巧克力)的概率 = (　) × (　) = (　) ……(b)
收到巧克力之后的后验概率
(真命天子的概率):(无关路人的概率) = (a):(b) = (　):(　) ……(c)
在把(c)设定为先验概率的基础上,当频繁收到邮件的情况下,修改为
(真命天子 & 频繁发送)的概率 = (　) × (　) = (　) ……(d)
(无关路人 & 频繁发送)的概率 = (　) × (　) = (　) ……(e)
把(c)设定为先验概率,当频繁收到邮件的后验概率
(真命天子的概率):(无关路人的概率) = (d):(e) = (　):(　) ……(f)
设定先验概率为各自 0.5 时,在"收到巧克力且频繁收到邮件"的情况下进行修改,
(真命天子 & 送出巧克力 & 频繁发送)的概率 =(　)×(　)×(　)=(　)……(g)
(无关路人 & 送出巧克力 & 频繁发送)的概率 =(　)×(　)×(　)=(　)……(h)
在"收到巧克力且频繁收到邮件"的情况下,后验概率为
(真命天子的概率):(无关路人的概率) = (g):(h): = (　):(　) ……(i)
这里的(f)和(i)是一致的,这体现了序贯理性。

第13讲

每获得一条信息，
贝叶斯推理就变得更精确一些

13-1 从"勉勉强强"的推测变为"更加精确"的推理

至此，我们已经对于贝叶斯推理"**虽然存在牵强之处，但至少比毫无头绪要强多了**"的推理思路进行了数次解释说明。正因为这一点，贝叶斯推理也被称为"总经理的概率"（见7-3）。贝叶斯推理之所以显得有些"牵强"，主要是因为其中的先验概率。所谓先验概率，是指"在没有任何信息的情况下，暂且把所有可能性的概率设定为对等的（理由不充分原理）"，或者"从主观上进行设定"等，因而会令人感到"牵强"。

但反过来说，正是由于设定了这样的先验概率，贝叶斯推理从而具备了"**即使只有少量信息（数据），也能够进行推理**"的优点。这一点也正是贝叶斯推理优于标准统计推理（内曼-皮尔逊式推理）的地方。

此外，贝叶斯推理还具有"将已经在推理过程中使用过的信息**反映到后验概率之后，即使把它丢掉也没关系**"的良好特性，这一特点被称为贝叶斯推理的学习功能。

实际上，贝叶斯推理还具备另外一个学习机能，也就是"**信息越多，**

推理结果就越精确"的性质，如**图表 13-1** 所示。

图表 13-1 信息越多，推理结果就越精确

没有信息 → 信息量小 → 信息量大
主观上的推理 → 相应的推理 → 基本上是正确的推理

接下来，按照顺序来对这个问题进行具体说明。

13-2 壶的问题：取出2个球

在这里，我们再次使用第 7 讲中的、装有带颜色的球的壶的例子，并进行以下问题设定。

> **问题设定**
>
> 面前有一只壶，已知这个壶不是 A 壶就是 B 壶，但是单从外表看不出究竟是哪个。而目前已知的是：A 壶中有 9 个白球和 1 个黑球，B 壶中有 2 个白球和 8 个黑球。

在第 7 讲中，我们从壶里取出一个球，通过观察球的颜色，来推测是 A 壶还是 B 壶的概率。得知取出的是黑球后，可以推测出该壶为 A 壶的后验概率是 1/9，该壶为 B 壶的后验概率是 8/9，具体过程参详见 7-2 的内容。

那么，我们设想一下：把第一次取出的球放回壶里，然后再一次取出一个球。在这种情况下进行推理，需要用到第一次取出的球的颜色和第二次取出的球的颜色。而第二次取出的球，有可能为黑球，也有可能

为白球。上述方法在第 12 讲中已经涉及过，即通过多条信息进行推理的方法。

首先，由于我们并不知道该壶究竟是 A 壶还是 B 壶，因而想要对此进行推理，于是分为 A 和 B 两个类别。然后根据"**理由不充分原理**"，将各个类别的先验概率都设定为 0.5。

接下来，请思考关于条件概率的问题。

如果第一次取出的球为黑球，第二次取出的球为白球，则把这种情况记录为"黑球 & 白球"。然后，通过**概率的乘法公式**，可以计算得出：

（黑球 & 白球的概率）=（黑球的概率）×（白球的概率）

若该壶为 A 壶，则：

（黑球 & 白球的概率）=（黑球的概率）×（白球的概率）
=0.1×0.9=0.09

若该壶为 B 壶，则：

（黑球 & 白球的概率）=（黑球的概率）×（白球的概率）
=0.8×0.2=0.16

综上，通过不同颜色的球的组合，A 和 B 这两个类别又各自分为 4 类，此时共出现 8 种互不相同的可能性。这 8 种可能性各自的概率，如**图表 13-2** 所示。

图表 13-2　通过两条信息,组合出八种互不相同的可能性

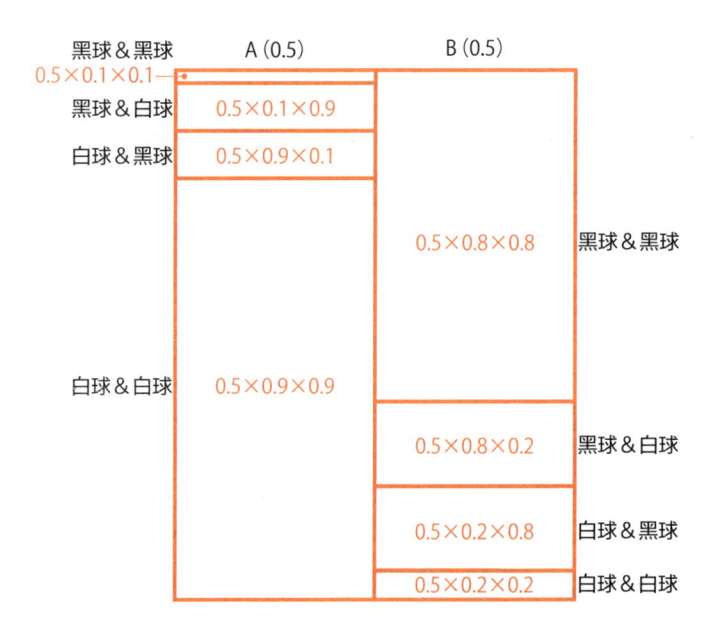

黑球&黑球	A (0.5)	B (0.5)	
0.5×0.1×0.1			
黑球&白球	0.5×0.1×0.9		
白球&黑球	0.5×0.9×0.1		
		0.5×0.8×0.8	黑球&黑球
白球&白球	0.5×0.9×0.9		
		0.5×0.8×0.2	黑球&白球
		0.5×0.2×0.8	白球&黑球
		0.5×0.2×0.2	白球&白球

13-3　第二次取出的也是黑球的情况下的推理

下面我们对于"第二次取出的依然是黑球"的情况进行推理:由于两次取出的都是黑球,符合"黑球&黑球"的条件,那么便可以排除掉"黑球&黑球"以外的所有可能性,如**图表 13-3**所示。

图表 13-3　第二次取出的也是黑球情况下的推理

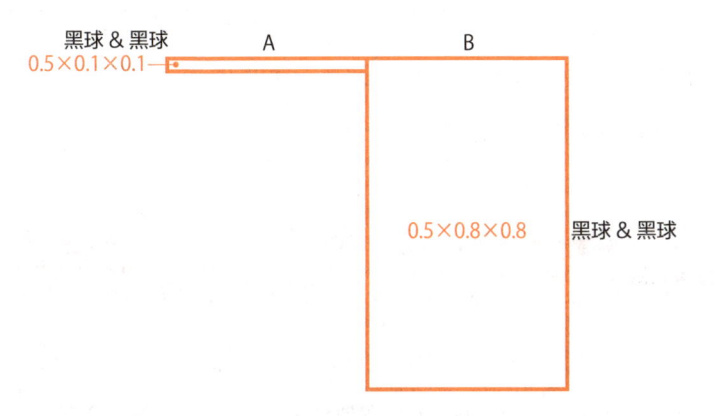

黑球 & 黑球
0.5×0.1×0.1

A　　　B

0.5×0.8×0.8　　黑球 & 黑球

通过标准化条件，计算出后验概率：

（"黑球 & 黑球"且为 A 壶的后验概率）:（"黑球 & 黑球"且为 B 壶的后验概率）

=0.5×0.1×0.1 : 0.5×0.8×0.8

=0.01 : 0.64

=$\frac{1}{65}$: $\frac{64}{65}$

通过以上计算，可以得出后验概率：该壶为 B 壶的概率高达 64/65（约为 98%）。换言之，可以得出如**图表 13-4** 这样的阶段性的推理结果。

图表 13-4　两次均取出黑球情况下的推理

B 壶的先验概率：0.5 →（黑球）→ B 壶的后验概率：$\frac{8}{9}$（约 0.89）→（黑球）→ B 壶的后验概率：$\frac{64}{65}$（约 0.98）

如果第一次取出的是黑球,那么该壶为 B 壶的后验概率提高到约 0.89。第二次再取出的如果依然是黑球,**那么该壶为 B 壶的可能性就变得更大,后验概率上升到了约 0.98**。换言之,由于第二次和第一次取出的球颜色相同,因而强化了之前的推理结果。

13-4 第二次取出的是白球的情况下的推理

那么,如果第二次取出的是白球,又会是怎样的情况呢?

从图表 13-2 的 8 种情况中,排除掉"黑球 & 白球"以外的所有 6 种情况,只留下"黑球 & 白球"的情况。

图表 13-5 第二次取出的是白球情况下的推理

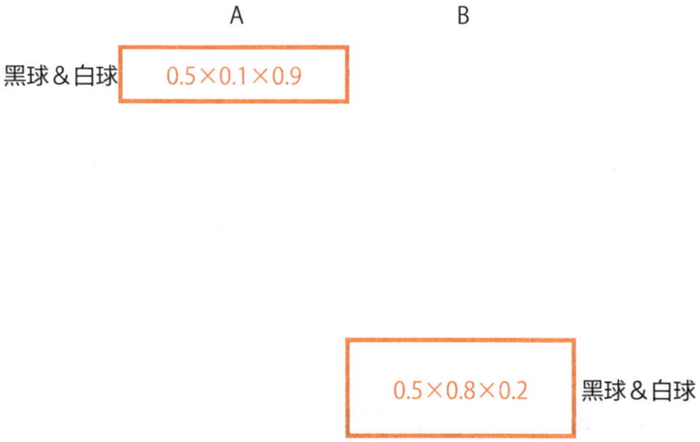

	A	B
黑球 & 白球	0.5×0.1×0.9	
		0.5×0.8×0.2 黑球 & 白球

结果如**图表 13-5** 所示,接下来再通过标准化条件,计算后验概率:

("黑球 & 白球"且为 A 壶的后验概率):("黑球 & 白球"且为 B 壶的后验概率)

= 0.5×0.1×0.9 : 0.5×0.8×0.2

= 0.09 : 0.16

= 9 : 16

= 9/25 : 16/25

= 0.36 : 0.64

根据上述过程，可以得出以下阶段性推理结果，如**图表 13-6** 所示。

图表 13-6　两次均取出黑球情况下的推理

```
┌──────────┐        ┌──────────┐        ┌──────────┐
│ B壶的先验 │  黑球  │ B壶的后  │  白球  │ B壶的后  │
│ 概率：0.5 │ ─────→ │ 验概率： │ ─────→ │ 验概率： │
│          │        │ 8/9      │        │ 16/25    │
│          │        │ (约0.89) │        │ (0.64)   │
└──────────┘        └──────────┘        └──────────┘
```

我们应该怎样来理解这个结果呢？由于第一次取出的是黑球，因而该壶为 B 壶的可能性增大；又因为第二次取出的是白球，因而该壶为 B 壶的可能性有所减小。从概率的角度来讲，在第一次取出黑球之后，该壶为 B 壶的概率高达约 0.89，而第二次取出白球之后，该壶为 B 壶的概率下降至 0.64。但由于这一概率依然大于 0.5，所以，虽然不能回到概率完全相等的中间状态，但认为该壶为 B 壶的可能性有所降低这一事实，是不容置疑的。

13-5　根据最新的观察结果，结论发生变化

如前 2 节中所述，若观察到的结果为黑球，则该壶为 B 壶的后验概率增大；若观察到的结果为白球，则该壶为 A 壶的后验概率就增大。

所以会理所应当地认为"白球占绝大多数的是 A 壶、黑球占绝大多数的是 B 壶"。将 A 壶的后验概率设为 a，B 壶的后验概率设为 b，如**图表 13-7** 所示。

图表 13-7　通过信息推测结果会倾向于哪边

先验概率 a=b=0.5 →黑球→ a↓,b↑ →黑球→ a↓,b↑ →白球→ a↑,b↓ →

我们想一想，究竟通过怎样的计算方式，才能使 a 和 b 发生变化呢？

现在，假设在第 n 次的推理中，A 壶的后验概率为 a，B 壶的后验概率为 b。那么在第(n+1)次推理中，结果为黑球时的结果会是怎样呢？

根据上一讲中所提到的贝叶斯推理的"序贯理性"来分析，如果计算第（n+1）次推理的后验概率，并不需要列举前面 n 次的球的颜色。**这是因为结果已经全部反映到第 n 次的后验概率中了。只要将第 n 次的后验概率（A 壶→a、B 壶→b）设定为先验概率，然后通过第 n 次取出黑球的信息，就可以进行贝叶斯推理了**。这一点，通过分析**图表 13-8** 就可以明白，之后，进行下述标准化处理计算即可。将第 n+1 次观察的后验概率设定为 a'、b'。

（第 n+1 次为黑球时，A 的后验概率）∶（第 n+1 次为黑球时，B 的后验概率）

$= a' : b'$
$= a \times 0.1 : b \times 0.8$
$= a : 8b$
$= \dfrac{a}{a+8b} : \dfrac{8b}{a+8b}$

从 a':b'=a:8b 中,我们可以看出,第 n 次推算结果的比例关系中,只有 b 侧增大到了之前的 8 倍(需要注意的是,使相加之和为 1)。因此,仅凭感觉我们就很容易理解:a'比 a 小,b'比 b 大。

图表 13-8　第 n+1 次为黑球时的变化

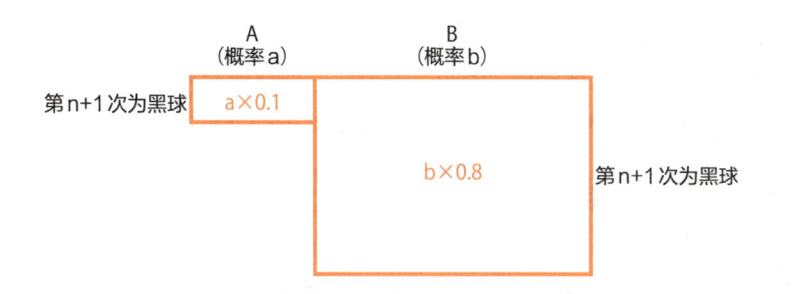

```
                A              B
            (概率a)         (概率b)
第n+1次为黑球  a×0.1
                          b×0.8        第n+1次为黑球
```

顺便说一下,如果在 n+1 次中观察到白球,则可以分析出:a':b'=9a:2b,a'比 a 大,b'比 b 小(这一情况将在练习题部分出现)。

13-6　观察次数越多,推算结果就越接近实际

正如上一节中所讲,在第 n 次的观察中,A 的后验概率为 a,B 的后验概率为 b,此时,如果第 n+1 次观察为黑球,那么后验概率的比例关系则变为:

a:b → a:8b

这说明,该壶为 B 壶的可能性增大了。那么,为什么 B 的一侧会变成 8 倍呢?这是因为,这一变化反映了:从 A 中观察到黑球的概率是 0.1,而从 B 中观察到白球的概率是 0.8,这一比例增大了 8 倍。相反,如果在第 n+1 次观察到白球,后验概率的比例关系则变为:

a:b → 9a:2b

那么,该壶为 A 壶的可能性增大。

现在,假设该壶为 B 壶。此时,反复观察会发现,取出黑球所占的比例比白球要大。因此,**反复观察的次数越多,B 侧的数值 b 更大的次数也越多**。那么,如果进行多次观察,则后验概率中的 b 就会无限接近 1,而 a 无限接近 0。这意味着,基本上能够断定:此壶为 B 壶。换言之,能够说明"**实际情况与推理结果——该壶为 B 壶,是一致的**"。

如果数学计算来解释上述问题,将会非常烦琐复杂。因此,以下在**图表 13-9** 中为大家列举数值来进行说明,这样更加简洁易懂。

图表 13-9 观察到黑球的次数 & 后验概率 & 发生的可能性

黑球出现的次数	0	1	2	3	4
后验概率 b	$8.62 \times \frac{1}{10^{14}}$	$3.00 \times \frac{1}{10^{12}}$	$1.10 \times \frac{1}{10^{10}}$	$4.00 \times \frac{1}{10^{9}}$	$1.40 \times \frac{1}{10^{7}}$
发生概率	$1.05 \times \frac{1}{10^{14}}$	$8.00 \times \frac{1}{10^{13}}$	$3.20 \times \frac{1}{10^{11}}$	$8.00 \times \frac{1}{10^{10}}$	$1.30 \times \frac{1}{10^{8}}$

5	6	7	8	9	10
$5.22 \times \frac{1}{10^{6}}$	0.0002	0.007	0.1957	0.898	0.9968
$1.66 \times \frac{1}{10^{7}}$	$2.00 \times \frac{1}{10^{6}}$	0.00001	0.00009	0.0005	0.002

11	12	13	14	15	16
0.9999	1	1	1	1	1
0.0074	0.0222	0.0545	0.109	0.1746	0.2182

17	18	19	20
1	1	1	1
0.2054	0.1369	0.0576	0.0115

图表13-9体现的是：在观察20次球的颜色之后，根据出现黑球的次数来推算"该壶为B壶"的后验概率。其中第2行表示"该壶为B壶"的后验概率的数值。

例如，在"黑球出现了6次"的情况下，通过图表中我们可以看出"该壶为B壶"的后验概率为0.0002。也就是说，如果黑球只出现6次，那么"该壶为B壶"的后验概率将是一个极小的数值。而在"黑球出现了9次"的情况下，时，"该壶为B壶"的后验概率为0.898。换言之，只有当黑球出现9次左右的，"该壶为B壶"的后验概率才会为一个很大的数值。

因此我们想要知道的是，"如果该壶为B壶，那么能够观察到多少次黑球呢？"表中第3行表示：当该壶为B壶时，第1次便观察到黑球的概率。通过观察表中数值可分析出：当该壶为B壶时，观察到黑球的次数少于9次的可能性是很小的，因此也可以认为，这种情况根本不会发生。因而，即使判定观察到黑球的次数在10次以上，风险也不会很大。此时，根据贝叶斯推理计算出的"B壶的后验概率"b的数值均为99%以上。换言之，通过贝叶斯推理能够得出"毋庸置疑，此壶为B壶"的判断（当然，也有一种微乎其微的可能性：观察到黑球的次数在8次以下，这种情况下，推理就有可能是错误的）。

通过上述具体事例，大家应该已经理解了"**观察次数越多，推算结果就越接近实际**"的观点。

第13讲·小结

1. 贝叶斯推理描述了"根据获得的信息,判断结果会发生变化"的情况。
2. 若观察到黑球,那么判断就会倾向于黑球多的壶;若观察到白球,判断就会倾向于白球多的壶。
3. 在贝叶斯推理中,只要信息足够多,就能够得出正确的结论。

> **练习题**
>
> 已知问题设定与本讲正文内容相同。请在下面的括号中填入合适的数值。
>
> 现在,假设在第 n 次的推理中,得出"该壶为 A 壶"的后验概率为 a,"该壶为 B 壶"的后验概率为 b。在此前提下,又得知第 n+1 次的观察结果是白球。假设第 n+1 次观察之后,后验概率分别为 a' 和 b',根据序贯理性,后验概率之比为:
>
> a' : b' = a × (　　) : b × (　　) = (　　) : (　　)
>
> 使其满足标准化条件,则:
>
> a' : b' = $\dfrac{(\quad)}{(\quad)}$: $\dfrac{(\quad)}{(\quad)}$
>
> 从这个式子中,能够知道 a' 比 a (　　)、b' 比 b (　　)

专栏 **帮助贝叶斯复兴的学者们**

由于受到费希尔、内曼等人的猛烈抨击，贝叶斯逆概率的观点在 20 世纪初一度被逐出学术圈。而此后，英国的欧文·古德和丹尼斯·林德利，美国的莱昂纳多·萨维奇这三位学者又于 20 世纪 50 年代帮助其成功复兴。

欧文·古德曾在第二次世界大战中的英国军队里与数学家艾伦·图灵一同从事密码破译的工作。当时，他们通过运用贝叶斯推理，取得了显著的成果。虽然在很长一段时间里，该成果被视为机密，受到严密保管，但自从被允许公开之后，就发表了出来。而丹尼斯·林德利则是在通过数学方法验证统计学的过程中，慢慢地开始赞同贝叶斯逆概率的学说。此后，他成为在英国普及贝叶斯统计学的先锋人物。

其中，影响力最大的当属莱昂纳多·萨维奇的研究。萨维奇天生高度近视，这对他的学习造成了极大的影响。由于智力障碍以及被人误解，他在升学时也遭遇了很大的困难。后来好不容易进入化学学科学习，又因为不适合做实验，被赶了出来。在芝加哥大学学期间，萨维奇和经济学者米尔顿·弗里德曼一起工作。自此，他的工作重心转移到统计学研究上。1954 年发行出版的《统计学基础》介绍了是一种"用数学逻辑使主观概率合理化"的理论，这对于此后的概率理论和统计学产生了重大影响。有趣的是，萨维奇本人也没想到，这篇论文居然能够帮助贝叶斯逆概率复兴，甚至连很早就知道这篇论文的丹尼斯·林德利也未能预料到。此时的二人还不完全属于贝叶斯流派，但此后萨维奇的研究逐渐开始引领后来被称为"贝叶斯决策理论"的领域，他的发表成果成为圣典般的著作。

第 2 部

完全自学！
从"概率论"到"正态分布"

　　第1部仅停留在描述贝叶斯统计学本质的阶段。但由于没有使用概率符号，因而语言表述不够精确。而如果想要真正地深入掌握使用"贝塔分布"等概率分布的复杂推算，必须要通过算式来理解。在前面，我们已经通过"面积图"的方法积累了扎实的基础，所以，再复杂的概率符号，也能够轻松理解。即使从未听说过"正态分布"也不必担心，我会为大家进行清楚细致的讲解。那么，下面就让我们开始学习吧！

第14讲

"概率"与"面积"的性质相同
概率论的基础

14-1 复杂的贝叶斯推理需要用到概率符号

之前的讲义中对于贝叶斯推理进行的讲解，刻意没有使用概率符号。这是因为，从第1讲到第13讲的内容，即使不使用概率符号，也可以针对贝叶斯推理展开讲解，且效果并不会逊色于使用概率符号的讲解方式。实际上确实如此，所有的问题都可以通过使用面积图来解决。而如果使用概率符号来讲解的话，我担心读者朋友们需要在理解贝叶斯推理过程的同时，还要思考概率符号的含义。这样会带来双重负担，导致本来能够理解的知识，也变得无法理解。因此我最终使用了面积图的方法，而这两种方法在本质上其实是相同的。

然而，当我们需要进行更加复杂的贝叶斯推理时，就不得不使用概率符号了，否则，将会遇到一些麻烦。尤其是在采用"连续型先验分布"（第16讲中将详细讲解）的情况下，如果不使用概率符号，是根本无法进行下去的。因此，从第14讲开始，直到第18讲，我将针对概率符号和连续型概率分布进行讲解；从第19讲到第21讲，则步入贝叶斯推理的精髓——贝塔分布和正态分布。

14-2 通过函数的形式来记述概率

概率是指，用一个"大于 0 且小于 1 的数值"来对应"发生的事情"的数学概念。

"发生的事情"→"数值"（"数值"的取值范围：必须大于 0 且小于 1）。

先确定"发生的事情"，然后决定与之对应的数值分配，这被称为"**概率模型**"。

例如，"晴天、阴天、雨天、雪天"为 4 件事情，分别为这 4 件事情分配一个 0 到 1 之间的数值，结果便会得到一个关于"明天的天气"的概率模型。但要注意的是：所分配的 4 个数值的相加之和必须为 1（**标准化条件**）。以下为该概率模型的一个例子：

晴天→ 0.3、阴天→ 0.4、雨天→ 0.2、雪→ 0.1

在这里，我们将 4 个基础事件——晴天、阴天、雨天、雪天称为"**基本事件**"。所谓"基本事件"，也就是指**为了记述需要计算的概率现象的、且不能再往下分解的最基本事件**。

把几个基本事件组合起来，便成为一件"发生的事情"。例如"撑伞"这件事情，是在"雨天"和"雪天"这些基本事件发生的时候，才能得以实现。因此，可以使用以下集合来进行记述：

"撑伞"={ 雨天，雪天 }

该集合 { 雨天、雪天 }，又可以称为"**事件**"。而用集合的方式来记录基本事件，则表示为 { 晴天 }、{ 阴天 }、{ 雨天 }、{ 雪天 }，那么也可以这样理解：基本事件是现象的一种。

下面，在该概率模型中，使用符号 p（A）表示事件 A 发生的概率。

p 是 probability（概率）的首字母。根据前文所述，p（A）的取值范围，一定在 0 到 1 之间。在刚才的例子中，基本事件可以表示为：

p（{晴天}）→ 0.3、p（{阴天}）→ 0.4、p（{雨天}）→ 0.2、p（{雪天}）→ 0.1

在这里，p（{晴天}）→ 0.3 的含义是：明天的天气为"晴天"的概率是 0.3。

而非基本事件的概率的定义则是：**构成该事件的基本事件的概率之和**。比如，方才的事件"撑伞"的概率为：

p（"撑伞"）=p（{雨天，雪天}）=p（{雨天}）+p（{雪天}）=0.2+0.1=0.3

这可以表述为：发生撑伞这一事件的概率为 0.3。大家可以观察这个例子，注意一下：**相比文字，使用概率符号进行记述要简单得多**。总结一下上述的符号方法，用"事件"来表示"发生的事情"，可以得到如下图表：

概率 p："事件" → "数值"，"数值"=p（事件）

我们再来思考另一个代表性概率模型的例子："掷骰子出现的点数"的概率模型。该案例中的基本事件为：

{1点，2点，3点，4点，5点，6点}

为了方便起见，"点"字可以省略掉，只写出数字，为：

{1，2，3，4，5，6}

也就是说，可以将基本事件设为数字的集合。那么，事件也将变为数字的集合，例如：

"偶数"={2,4,6}

"4以下"={1,2,3,4}

因此，在分配概率时，可以先自然地对基本事件的概率进行以下设定：

$p(\{1\})=\frac{1}{6}$，$p(\{2\})=\frac{1}{6}$，$p(\{3\})=\frac{1}{6}$，$p(\{4\})=\frac{1}{6}$，
$p(\{5\})=\frac{1}{6}$，$p(\{6\})=\frac{1}{6}$

因此，对于事件，则可以确定为类似如下的形式：

$p("偶数")=p(\{2,4,6\})=\frac{1}{6}+\frac{1}{6}+\frac{1}{6}=\frac{1}{2}$
$p("4以下")=p(\{1,2,3,4\})=\frac{1}{6}+\frac{1}{6}+\frac{1}{6}+\frac{1}{6}=\frac{2}{3}$

在这里，将"偶数"这一事件记作E，将"4以下"这一事件记作F，则可以记为：

$p(E)=\frac{1}{2}$，$p(F)=\frac{2}{3}$

14-3 概率与面积的性质相同

通过上一节中关于"基本事件""事件""概率"的定义，我们可以了解到：**概率具有与面积相同的性质。**

关于掷骰子的概率模型，我们可以通过**图表14-1**来实际进行一下图解。这与之前的讲解中多次出现的长方形分割图（可能性示意图）是完全相同的。并且，用来表示事件F="4以下"的概率的p（F），与表示长方形1到4部分面积的数值是一致的，这一点显而易见。

图表 14-1　概率模型即为面积图

| 1 | 2 | 3 | 4 | 5 | 6 |

各长方形的面积为 $\frac{1}{6}$

事件F | 1 | 2 | 3 | 4 | 5 | 6 |

p(F)= ▭ 部分的面积 = $\frac{2}{3}$

如果将概率理解为面积，那么自然就能理解以下所述的性质。下面的"A or B"事件表示："A 或 B 其中之一将会发生"的事件。

概率的加法法则

设定事件 A 和事件 B 没有重复，即这两个事件当中，不存在共通的基本事件。

此时，事件"A or B"的概率为：A 的概率与 B 的概率之和，即：

p（A or B）=p（A）+p（B）

根据概率与面积相同的原理，通过观察**图表 14-2**，很容易就可以理解该法则。

图表 14-2　概率的加法法则

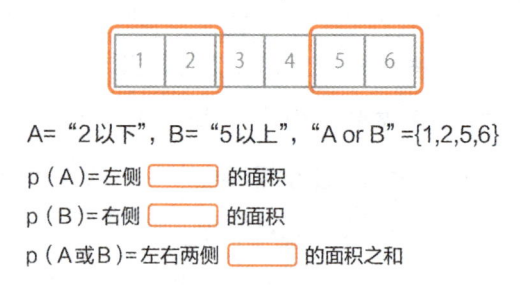

| 1 | 2 | 3 | 4 | 5 | 6 |

A="2以下"，B="5以上"，"A or B"={1,2,5,6}

p（A）=左侧 ▭ 的面积
p（B）=右侧 ▭ 的面积
p（A或B）=左右两侧 ▭ 的面积之和

14-4 用概率符号来表示贝叶斯推理的先验概率

之前的那些贝叶斯推理的先验概率,可以使用以上事件和概率的符号重新表示出来。

例如,在第 2 讲的例子中,有"癌症"和"健康"两个类别。那么在概率模型中,基本事件的集合可以表示为:

{癌症,健康}

用分配给每一类别的先验概率来反映实际的罹患率,为:

p(癌症)=0.001,p(健康)=0.999

而这在**图表 14-3**(与图表 2-1 相同)中,分别对应面积为 0.001 的长方形和面积为 0.999 的长方形(由面积为 1 的长方形分割得来)。

图表 14-3 根据癌症罹患率得到的先验分布

```
0.001      0.999

           健康
       p(健康)=0.999

癌症
p(癌症)=0.001
```

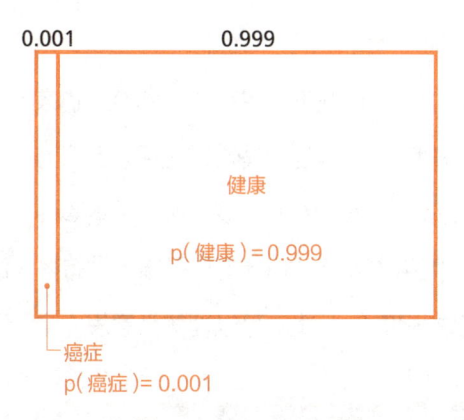

另外,关于第 4 讲中介绍的"某对夫妇生的第一胎为女孩的概率为多少"的概率模型,可以将生女孩的概率 p 的数值设定为基本事件。在

这里，将基本事件称为"概率"可能会让人感觉有些奇怪，事实上这并不突兀。可以将基本事件设定为 {0.4}、{0.5}、{0.6}。在这里，{0.4} 的含义是"该夫妇生的第一胎为女孩的概率为 0.4"这一事件，可以理解为类似于掷骰子出现的点数。用概率符号来表示**图表 14-4**（与图表 4-1 相同）中长方形的面积的话，先验分布可以记为：

$$p(\{0.4\}) = \frac{1}{3}、p(\{0.5\}) = \frac{1}{3}、p(\{0.6\}) = \frac{1}{3}$$

图表 14-4 某对夫妇生的第一胎为女孩的概率的先验分布

$\frac{1}{3}$	$\frac{1}{3}$	$\frac{1}{3}$
{0.4} p({0.4}) $=\frac{1}{3}$	{0.5} p({0.5}) $=\frac{1}{3}$	{0.6} p({0.6}) $=\frac{1}{3}$

写作 p({0.4}) 的情况下，由于中间的 0.4 也表示概率，整体的 p({0.4}) 也表示概率，所以可能有些难以理解。但因为中间的概率"0.4"是针对"某对夫妇生的第一胎为女孩"这一基本事件（事件）的，而整体的 p({0.4}) 则用来表示：估计这一基本事件有多大的可能性，也就是所谓的"**信念的程度**"，因此，可以理解为意思完全不同的两个概念。

14-5　用概率符号来表示用"&"连接起来的事件

下面讲解的是贝叶斯推理的基础——用"&"连接起来的事件的

概率。正如第 10 讲中讲解的、将两个概率现象用"&"组合起来形成的事件，这被称为**直积试验**。最易于理解的是将抛硬币和掷骰子这两个试验组合为一的例子，如**图表 14-5** 所示。

图表 14-5　抛硬币和掷骰子的直积试验

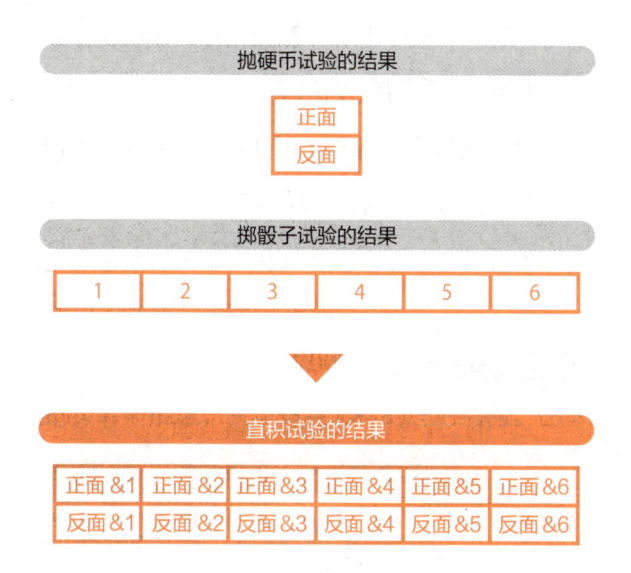

抛硬币试验的结果

| 正面 |
| 反面 |

掷骰子试验的结果

| 1 | 2 | 3 | 4 | 5 | 6 |

↓

直积试验的结果

| 正面&1 | 正面&2 | 正面&3 | 正面&4 | 正面&5 | 正面&6 |
| 反面&1 | 反面&2 | 反面&3 | 反面&4 | 反面&5 | 反面&6 |

下面我们再讲解一次，为了进行将抛硬币的试验与掷骰子的试验组合形成的直积试验，需要像图表 14-5 那样，纵向列出抛硬币的结果，横向列出掷骰子的结果,形成格子的形式（矩阵）。之后,在矩阵中用（抛硬币的结果）&（掷骰子的结果）的形式,将两个试验的结果组合在一起。这些就是**直积试验概率模型中的基本事件**，在这个例子中共有 12 个：

正面 &1　正面 &2　正面 &3　正面 &4　正面 &5　正面 &6
反面 &1　反面 &2　反面 &3　反面 &4　反面 &5　反面 &6

此时，之前的抛硬币事件和掷骰子事件，就可以通过使用上述的基本事件来表示。例如，抛硬币的结果为"正面"的事件就可以表示为：

"正面"={ 正面 &1，正面 &2，正面 &3，正面 &4，正面 &5，正面 &6}

而这意味着，掷骰子的结果是多少都无所谓，只要抛硬币的结果是"正面"就行。同理，掷骰子出现"2"的事件可以表示为：

"2"={ 正面 &2，反面 &2}

另外，如果事件"正面"和事件"2"同时发生，此时出现的应为"正面"和"2"中共同包含的基本事件。即（正面 &2）。所以（"正面"和"2"同时发生）的理论性结合，即 { 正面 &2}，这样，保持了其整合性。

图表 14-6　直积空间中原本的试验事件

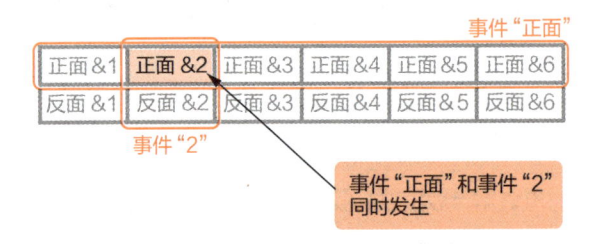

正面 &1	正面 &2	正面 &3	正面 &4	正面 &5	正面 &6
反面 &1	反面 &2	反面 &3	反面 &4	反面 &5	反面 &6

事件"正面"：第一行
事件"2"：第二列（正面 &2，反面 &2）
事件"正面"和事件"2"同时发生：正面 &2

这里的直积试验得到的概率与之前讲解的一样，对应矩阵的面积而进行定义。正如第 10 讲中的讲解：由于抛硬币和掷骰子被定义为独立试验（无关系的试验），因此，所有 12 个基本事件，

p（抛硬币的结果 & 掷骰子的结果）

=p（抛硬币的结果）×p（掷骰子的结果）

为了使之成立，导入了基本事件的概率。也就是说，可以**根据右边**

的乘法对左边的概率进行定义，例如：

$$p(\{反面 \& 4\}) = p(\{反面\}) \times p(\{4\}) = \frac{1}{2} \times \frac{1}{6} = \frac{1}{12}$$

也就是说，12 个基本事件中的任何一个，其概率都分配为 1/12。

像这样导入的直积试验的概率模型，与原来的模型并不矛盾。使用 14-3 中讲解的 **"概率的加法法则"**，则为：

p("正面") = p({正面 &1，正面 &2，正面 &3，正面 &4，正面 &5，正面 &6})

=p({正面 &1})+p({正面 &2})+p({正面 &3})+p({正面 &4})+p({正面 &5})+p({正面 &6})

$$= \frac{1}{12} \times 6$$

$$= \frac{1}{2}$$

恰好与（仅仅）抛硬币的概率保持了整合性。

第14讲 · 小结

1. 概率模型由基本事件、事件、概率构成。
2. 基本事件是指,不能再进行分解的基本性事件。
3. 事件是若干个基本事件的集合。
4. 将基本事件 e 的概率表记为 p（{e}）。
5. 例如,由基本事件 e, f, g 构成的事件 {e, f, g} 的概率被定义为:

   p（{e, f, g}）=p（{e}）+p（{f}）+p（{g}）

6. "概率的加法法则"是指,在 A 和 B 中没有重复的事件时,以下式子成立:

   p（A or B）=p（A）+p（B）

7. 将两个概率现象组合形成的直积试验,由 a&b 这样的基本事件构成。因此,概率通常被定义为能够使乘法法则成立（假定为独立试验）,所以通过乘法来进行计算。

   p（{a&b}）=p({a})×p({b})

练习题

我们尝试着思考一下,当事件存在重复情况下的"概率的加法法则"。将 A 和 B 的重叠部分设为 C,如下图所示:

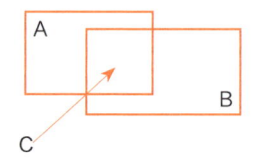

分析上图,并依据"概率与面积相同"的原理,进行填空。

p（A or B）=p（　　）+p（　　）-p（　　）

第15讲

在获得信息之后，概率的表示方法
"条件概率"的基本性质

15-1 运用"条件概率"来表示"贝叶斯逆概率"

通过前面的讲义大家已经了解到：贝叶斯推理来说，最重要的观点是"**获得信息之后,概率发生变化**"。用第2讲中的案例来具体解释，即：在癌症指标检查中，依据获得"患癌症"或是"健康"的不同信息，检查结果呈阳性的概率会发生变化。用第3讲中的案例来具体解释，则为：根据女同事认为你是"真命天子"还是"无关路人"的不同信息，收到巧克力的概率也将有所差异。

类似这样，根据有无信息、信息的种类等条件不同，概率也会随之发生变化的情况，可以用"**条件概率**"一词来表述。在高中阶段的数学课上，我们曾经接触过条件概率的相关知识。而在描述贝叶斯推理时，条件概率可谓是最重要的内容。因此，本讲将从基础开始详细解说，并在此基础上，通过**运用条件概率，推导出贝叶斯逆概率的公式**。

15-2 "条件概率"把部分看作整体,从而变更数值

在这里,用掷骰子的案例来进行说明。

把一个骰子放入带有盖子的箱中,并摇晃箱子,使骰子在箱中滚动。接下来,推测骰子的点数。现在,需要求出骰子的点数为偶数的概率。然后把"骰子的点数为偶数"这个事件记为 E,则:

E={2,4,6}

在掷骰子的概率模型中,事件 E 的概率为:

$$p(E) = \frac{3}{6} = \frac{1}{2}$$

然而此时,有人偷偷地打开了盖子,并往箱子里看了一眼,然后告诉你"骰子的点数不是6"。那么接下来概率会发生怎样的变化呢?由于点数为6的可能性被排除在外,那么对于概率的推算结果也会发生改变。像这样,当获得"不是现6"这条信息时,"骰子的点数为偶数"的概率被称为"**条件概率**"。

把"不是6"这一事件记为 F,则:

F={1,2,3,4,5}

此时,在获得"发生了事件 F"这条信息的情况下,事件 E 的概率记为:

P(E|F)

记号 p(|) 的含义是:间隔符号的右侧表示获得的信息。

在计算数值的时候,比较自然的想法是使用面积图表,如**图表 15-1** 所示。

图表 15-1　条件概率的思维方式

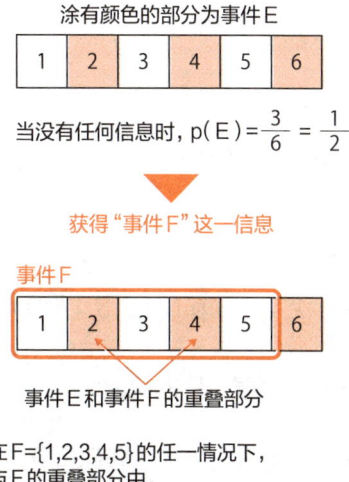

涂有颜色的部分为事件 E

| 1 | 2 | 3 | 4 | 5 | 6 |

当没有任何信息时，$p(E) = \dfrac{3}{6} = \dfrac{1}{2}$

▼

获得"事件 F"这一信息

事件 F

| 1 | 2 | 3 | 4 | 5 | 6 |

事件 E 和事件 F 的重叠部分

在 F={1,2,3,4,5} 的任一情况下，
与 F 的重叠部分中，
事件 E 占了总体的 2/5，

$$p(E|F) = \dfrac{2}{5}$$

如图表 15-1 所示，没有获得任何信息的时候，由于事件 E 占了整体的一半面积，因而它的概率 p（E）为 1/2。但当获得了事件 F 即 "不是 6" 这一信息之后，事件 F 就开始变得引人注目。因此，有两个问题需要进行变更。

第 1 个变更：由于事件 F 变为了一个整体，所以应该把事件 F 的概率设定为 1。换言之，把 F 的面积视为 1。

第 2 个变更：由于事件 F 的发生，可能性受到了限制，因而需要在考虑事件 E 与事件 F 的共同部分的基础上，来推算概率问题。换言之，需要关注的事件为 E 和 F 的重叠部分 ={2,4}。

根据上述两个变更，需要计算的概率 p（E|F），即：**获得 "发生事件 F" 这一信息之后，E 的条件概率**，也就是：把 F 看做一个整体来考

虑时,"E 和 F 的重叠部分"占 F 的比例。因此,可以用除法计算求出,表示为:

(E 和 F 重叠部分的面积)÷(F 的面积)

因此,可进行如下定义:

p(E|F)=p(E 和 F 的重叠部分)÷p(F)

进行实际计算,可得出:

$$p(E|F) = P(\{2,4\}) \div p(\{1,2,3,4,5\}) = \frac{2}{6} \div \frac{5}{6} = \frac{2}{5}$$

在没有获得信息 F 的时候,E 的概率为 $\frac{1}{2}$(0.5);之后,由于获得了信息 F,全部可能减少了 1 个,并且偶数也减少了 1 个。而偶数减少 1 个的情况占优势,于是 E 的概率随之减小,变为 $\frac{2}{5}$(0.4)。

总而言之,**条件概率是指:把得到的消息再次设定为整体,并排除掉没有可能性的各个事件之后,重新计算出的比率。**

以上说明可以写成通用的公式,如下所示:

条件概率的公式

当获得事件 B 这一信息之后,事件 A 的条件概率 p(A|B),可定义为:

p(A|B)=p(A 和 B 的重叠部分)÷p(B)

15-3　各个类别被赋予的概率=条件概率

若要在贝叶斯推理中使用条件概率,使用方法分为两个阶段。第一阶段：按照各自的类别设定数据概率的方法；第二阶段：计算后验概率时的方法。而重要的一点是，在这两个阶段中，都可以有效利用直积试验的特性。本节将会具体解说前一种情况。

在这里，将再一次使用第 7 讲和第 13 讲中关于壶和壶里有颜色的球的例子。下面对其设定再次进行说明。

> **问题设定**
>
> 面前有一只壶，已知这个壶不是 A 壶就是 B 壶，但是单从外表看不出究竟是哪个。而目前已知的是：A 壶中有 9 个白球和 1 个黑球，B 壶中有 2 个白球和 8 个黑球。现在，如果从壶里取出 1 个球，并且这个球是黑色的，那么，面前的这个壶究竟是 A 还是 B 呢？

在这个案例中，所有的可能性共有 4 种。用专有名词可以表述为：基本事件的集合 ={A& 黑球，A& 白球，B& 黑球，B& 白球 }，也就是直积试验的各个事件，如**图表 15-2** 所示。

第 7 讲和第 13 讲中虽然提出了"从 A 壶中取出的球是黑球的概率为 0.1"的观点，但并没有对其含义进行严密的说明。实际上，"从 A 壶中取出的球是黑球的概率为 0.1"，正是指上一节中所定义的条件概率，也就是在获得"该壶为 A 壶"这个信息之后，得出的"取出的球为黑球"的概率。

图表 15-2 条件概率的设定

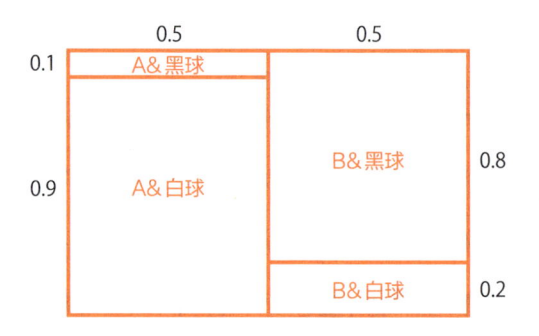

```
           0.5              0.5
    0.1  ┌──────────┬──────────────┐
         │  A& 黑球  │              │
         │          │              │
         │          │   B& 黑球     │  0.8
         │          │              │
    0.9  │  A& 白球  │              │
         │          ├──────────────┤
         │          │   B& 白球     │  0.2
         └──────────┴──────────────┘
```

用公式来表达，即：

P（黑球 |A）=0.1

此时，请回想一下第 7 讲中计算出的"A& 黑球"的概率，为 0.5×0.1。如果使用上一节中提到的条件概率来定义该计算，就能够理解一下这种整合性的计算方法。

图表 15-3 A& 黑球，是事件"A"和事件"黑球"的重叠部分

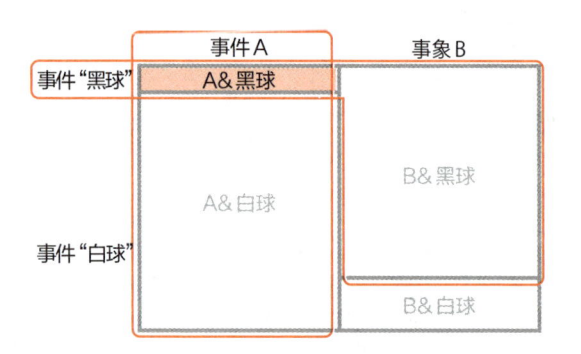

先来看一下**图表 15-3**，在直积试验中，事件 A 可表示为：

A={A& 黑球，A& 白球 }

即,"该壶为 A 壶,球为任意颜色"的事件。同理,事件"黑球"可表示为:

"黑球"={A& 黑球,B& 黑球}

也就是说,

事件 A 和事件"黑球"的重叠 ={A& 黑球}

像这样,在直积试验中,事件的重叠自然与"&"是相同的。

那么,根据上一节中关于条件概率的定义,可以写为:

p(黑|A)=p(事件 A 和事件"黑球"的重叠)÷p(A)

=p(A& 黑球)÷p(A)

用乘法算式来表达,则为:

p(A& 黑球)=p(A)×p(黑|A) …(1)

这里,类别 A 的概率为 0.5。此外,从 A 中观察到为黑球的条件概率 p(黑|A)被设定为 0.1,所以,

p(A& 黑球)=0.5×0.1=0.05   …(2)

这样,便可以用乘法计算出 A& 黑球的概率。以上表示的是"**概率即为长方形的面积**"以及"**整合性**"的问题。对上述进行抽象描述,即关于贝叶斯推理的公式:

& 事件的概率法则

p(类别 & 信息)=p(类别)×p(信息|类别)

换言之,**用 & 来连接的类别和信息所构成的可能性的概率为**:将"类别的先验概率"和"在【这个类别】的基础上,能够得到这条信息的条件概率"相乘的结果。

15-4 通过条件概率的公式理解后验概率

接下来,终于到了解说绍贝叶斯推理条件概率的使用方法第二阶段的环节。

用壶的例子来解释的话,贝叶斯推理就是通过"取出的球为黑球"这一信息,来推测"该壶为 B 壶"的概率。由于"取出的球为黑球"是观察的"结果",而"该壶为 B 壶"是"原因",从"结果"来推测"原因",听起来是一个奇妙的过程。而这个过程之所能够实现,关键就在于条件概率的定义。

我们要计算的是:在获得到"取出的球为黑球"这一信息之后,"该壶为 B 壶"的概率。由于已经明确定义了条件概率,因此可以完全确定下来,即条件概率为:

p(B|黑)

而该条件概率的计算方法,在 15-2 中已经给出,即:

p(B|黑)=p(B&黑球)÷p(黑球)   …(3)

的计算,可以求出。因此,只要知道概率 p(B&黑球)和概率 p(黑球)的数值,然后用除法运算,就可以求出了。

前面的 p(B&黑球),运用刚刚在(1)(2)式子中求出 p(A&黑球)同样的计算方法,就可以求出。即为,

p(B&黑球)=p(B)×p(黑|B)   …(4)

这里,需要注意的是:条件概率 p( )中的内容被随意地左右替换。在(3)中是 p(B|黑),而在(4)中则是 p(黑|B)。前者为需要计算的数值,而后者可以通从模型的设定得出结果为 0.8。而事件"该壶

为B壶"与事件"取出的球为黑球"可以进行更换，正是贝叶斯推理的秘密所在。那么，从（4）中可以计算出

p（B&黑球）=0.5×0.8=0.4　　　…（5）

而关于概率p（黑球）的计算，由于"取出的球为黑球"这一事件是能够通过

"黑球"={A&黑球，B&黑球}

以及使用了符号&的各个基本事件表示出来，因此，可以运用以下方法计算求出：

p（黑球）=p（A&黑球）+p（B&黑球）

右边的第一项是通过（1）求得，而第二项是通过（4）求得的。将结果代入上述式子中，可以得出：

p（黑球）=p（A）×p（黑|A）+p（B壶）×p（黑|B）　…（6）

因此，把（4）和（6）代入（3）中，可以得出下面的计算公式：

$$p(B|黑) = \frac{p(B)p(黑|B)}{P(A)P(黑|A)+P(B)P(黑|B)} \quad \cdots (7)$$

这被称为"**贝叶斯公式**"。

进行具体计算，则为：

p（B|黑）=0.5×0.8÷{0.5×0.1+0.5×0.8}=0.4÷0.45=$\frac{8}{9}$

式子（7）可以按照以下思路来理解：左边表示从"黑球"的结果追溯到"B壶"这一原因的概率，从直观上不是很容易理解。而右边的p（A）和p（B）均为每一类别的先验概率，p（黑|A）和p（黑|B）是由原因推导出的结果的概率,这一点已经在设定中予以说明。换言之，

式子（7）是通过已知的概率（右边），推导出直观上看不出的概率（左边）的计算方式。

乍一看式子(7)，可能会觉得计算过程很复杂，令人迷惑。不过，只要在面积图中填入前面讲过的概率符号，就能明白"**现在做的，只是把之前面积图的方法直接转换为计算公式罢了**"。

图表 15-4　贝叶斯逆概率的公式

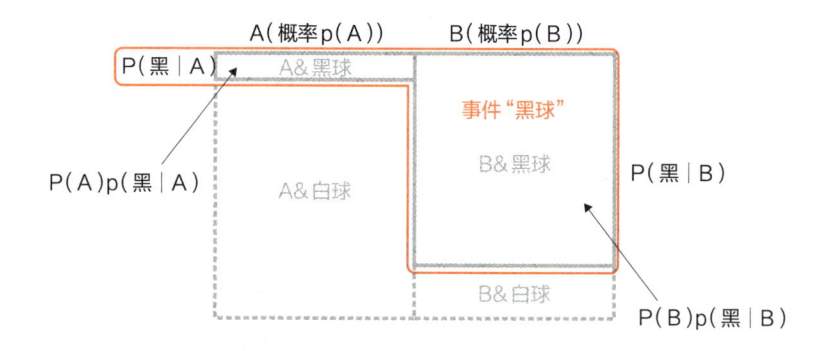

下面请观察**图表 15-4**。迄今为止，我们采用的计算方式都是在获得"取出的球为黑球"这一信息之后，再得出以下比例关系：

（A 的后验概率）:（B 的后验概率）

=（A& 黑球的面积）:（B& 黑球的面积）

用条件概率来描述，则可以得到如下比例公式：

p(A)p(黑|A) : p(B)p(黑|B)　　…(8)

式子（8）中，左右两边的计算，与通过乘法计算长方形的长宽而得出的概率是一样的。然后，在满足标准化条件的情况下进行变形（左右数值之和相除），得到：

$$p(A)p(黑|A):p(B)p(黑|B)$$

$$=\frac{p(A)p(黑|A)}{p(A)p(黑|A)+p(B)p(黑|B)}:\frac{p(B)p(黑|B)}{p(A)p(黑|A)+p(B)p(黑|B)}$$

由此又可以得到以下公式：

$$(B壶的后验概率)=\frac{p(B)p(黑|B)}{p(A)p(黑|A)+p(B)p(黑|B)} \quad \cdots(9)$$

最后的式子（9），与（7）是完全相同的。

下面，我们通过用来说明条件概率的面积比例的思路，再次进行探讨。

现在，我们已经获得了"取出的球为黑球"这一信息，那么，正如 15-2 中的解说，B 的条件概率即为：在表示"A& 黑球"的长方形与表示"B& 黑球"的长方形的总和（表示事件"黑球"的情况）中，表示"B& 黑球"的长方形所占面积的比例这一数值。而在式子（8）中，左侧为表示"A& 黑球"的长方形的面积，右侧为表示"B& 黑球"的长方形的面积。因此，用右侧来除以左右之和，其结果，与"在'取出的球为黑球'的情况下，计算表示'B& 黑球'的长方形面积所占比例"的结果是相同的。这也意味着，最后的计算与条件概率 p（B|黑）的面积所代表的意义相一致。

最后需要说明的一点重要内容：**采用贝叶斯推理方法计算后验概率时，无须考虑式子（7）中的分母**。要点是，因为有了比例公式（8），那么（7）和（9）的分母，只是用来恢复标准化条件罢了，可以忽略。毕竟，关键点在于比例关系。因此我们只需记住比例公式（8）即可。

第15讲·小结

1. 条件概率是指，在获得信息之后，基本事件减少的情况下，赋予的比例关系。

2. 在获得"事件B"这一信息后，事件A的条件概率p（A|B）可定义为：

    p（A|B）=p（A和B的重叠部分）÷p（B）

3. 在贝叶斯推理中，使用条件概率公式②时有两种方法。

4. 第1种使用方法：求出类别＆信息的概率。即，p（类别＆信息）=p（类别）×p（信息|类别）

5. 第2种使用方法：求出后验概率。已知数据信息，通过上面的方法来计算p（类别＆信息）的比例关系，并使之满足标准化条件。

练习题

下面，以癌症检查为例，来练习条件概率的表示方法。

基本事件分别为："癌症"、"健康"、"阳性"、"阴性"。选取合适的基本事件，填入下面的括号中。

p（癌症＆阳性）=p（癌症）×p（　｜　）　…（1）
p（癌症＆阳性）=p（阳性）×p（　｜　）　…（2）
p（健康＆阳性）=p（健康）×p（　｜　）　…（3）
p（健康＆阳性）=p（阳性）×p（　｜　）　…（4）

此时，从（1）和（3）中，可以得出：

p（癌症＆阳性）:p（健康＆阳性）
=p（癌症）×p（　｜　）:p（健康）×p（　｜　）　…（5）

从（2）和（4）中，可以得出：

p（癌症＆阳性）:p（健康＆阳性）
=p（　｜　）:p（　｜　）　…（6）

从（5）和（6）中，可以得出：

p（　｜　）:p（　｜　）
=p（癌症）×p（　｜　）:p（健康）×p（　｜　）

左边为后验概率之比，右边为通过先验概率和条件概率中算出来的比值。

第16讲

"概率分布图"帮助我们进行更加通用的推理

16-1 到达到实用水平,需要"概率分布图"和"期待值"

截至上一讲,我们已经完成了对于贝叶斯推理的基本技巧、以及运用常见的概率记号对其进行描述的知识点进行了解说。至此,进行简单设定的推理已经完全不成问题。但如果要对稍微复杂的设定进行推理、或是进行通用性推理的话,之前所介绍的方法就略显不足了。

对于稍微复杂的设定进行推理、以及进行通用性推理时,需要了解**"概率分布图"**和**"期待值"**相关的知识,尤其是在连续性概率分布这种基本事件无限多的情况下,以上背景知识更是不可缺少的。我们从本讲开始学习这个知识点。而在后面几讲中,将会对贝叶斯推理中最有代表性、重要的"贝塔分布"和"正态分布"进行解说。在本讲中,首先为大家解说贝塔分布的出发点——"均匀分布"的相关内容。

16-2 思考"同样的可能"型的概率模型

想象一下抛硬币和掷骰子试验的常规概率模型,就很容易理解"均匀分布"的概念了。

正如第14讲中解说的那样,概率模型是根据基本事件和对其概率的分配来进行定义的。以抛硬币为例,其基本事件的集合表示为:

{正面,反面}

为每个基本事件分配相同的概率,即:

正面的概率 p({正面}) = $\frac{1}{2}$,反面的概率 p({反面}) = $\frac{1}{2}$

这些基本事件被称为**"大致相同"**。也就是说,可以把"正面"和"反面"设定为基本相同的情况。

而在掷骰子的情况,也正如第14讲中所解说的那样,基本事件的集合可以表示为:

{1,2,3,4,5,6}

而分配概率的方法,则是把点数 K 出现的概率记为 p({k}),那么:

P({1}) = $\frac{1}{6}$, p({2}) = $\frac{1}{6}$, p({3}) = $\frac{1}{6}$, p({4}) = $\frac{1}{6}$

P({5}) = $\frac{1}{6}$, p({6}) = $\frac{1}{6}$

此时,6个基本事件也是"大致相同"的。

用面积图来描述抛硬币和掷骰子的概率模型,如**图表 16-1** 所示,由于可能性"大致相同",所以长方形被分为面积相等的几份。

图表 16-1　关于硬币和骰子的"大致相同"

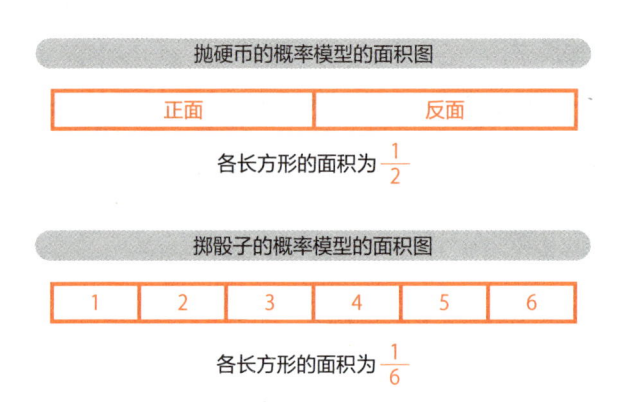

抛硬币的概率模型的面积图

| 正面 | 反面 |

各长方形的面积为 $\frac{1}{2}$

掷骰子的概率模型的面积图

| 1 | 2 | 3 | 4 | 5 | 6 |

各长方形的面积为 $\frac{1}{6}$

接下来我们来设想一个新的模型——赌盘,也就是在赌场里使用的工具的概率模型。它的基本事件为整数 1~36,表示为:

$$\{1,2,3,\cdots,35,36\}$$

实际上,在赌场里真正使用的赌盘,每个分区用"0"或"00"等数字来标记。在这里,我们为了简单起见,把赌盘的圆周分为 36 等分,并用整数 1~36 分配给每一等份来命名。若把赌盘的概率模型也设定为"大致相同"的情况,那么理所当然地,每个点数出现的概率都是相同的,因而可以表示为:

$$P(\{x\}) = \frac{1}{36} \quad (x=1,2,3,\cdots,36)$$

用图来表示，如**图表 16-2** 所示。

图表 16-2 赌盘上的"大致相同"

赌盘的概率模型的面积图

各长方形的面积为 $\frac{1}{36}$

在该模型中，可以把"抽取一个满足条件 $1 \leq x \leq k$ 的整数 x"的概率记为 $p(1 \leq x \leq k)$。由于 $1 \leq x \leq k$ 占了整体中的 36 分之 k 的比例，所以可以得出：

$$P(1 \leq x \leq k) = \frac{k}{36}$$

16-3　把"大致相同"模型转换为成连续化的"均匀分布"

赌盘的概率模型，是把整数 1~36 出现的概率设定为"大致相同"。而若是把这个模型**扩展为（连续的）无限个基本事件**，就形成了"**均匀分布**"的概率模型。

下面我们来想象一下这个虚构出来的赌盘：在圆周上绘制

$0 \leq x \leq 1$ 范围内所有的 x。之后，截取截线段中 0~1 之间的部分，并把它想象成车轮形状的圆形，这就是基本的"均匀分布"的概率模型。本书中，将该模型称为 [0,1]- 赌盘模型（该名称仅在本书成立）。

在该概率模型中，"在 $0 \leq x \leq 1$ 范围的数值中，随机抽取一个 x"，正对应了抛硬币随机出现"正面"或"反面"，以及掷骰子随机出现点数 1~6 的结果。

但该模型与之前的模型相比有着很大的差异，体现在概率的分配方式上。

如果模仿之前的抛硬币和掷骰子的例子，将 0.4 或 0.73 等 x 的数值作为事件，并将 {0.4} 或 {0.73} 等作为基本事件，那么，应该为其分配"大致相同"的概率。然而，对于 [0,1]- 赌盘模型来说，这种方法并不合适，而这又是为什么呢？

这里需要用到标准化条件的概念。在概率模型中，所有事件的概率之和为 1。假设对于每一个 x，都为事件 $\{x\}$ 分配相同的概率 a，由于在 $0 \leq x \leq 1$ 的范围中有无数个 x，那么，则必须满足以下公式：

（对于满足条件 $0 \leq x \leq 1$ 的所有 x，$\{x\}$ 的概率之和）

=（无限个 a 的和）=1

并且，如果不满足 a=0，就会出现矛盾。但如果 a=0 的话，就会产生两个困难。

第一个困难："无限个 0 相加等于 1"的含义是什么？

第二个困难：对满足条件 $0 \leq x \leq 1$ 的每个 x，假设它的概率为 p($\{x\}$)=0。那么，应该怎样计算满足条件 $0 \leq x \leq 0.5$ 时，抽取出 x 的概率呢？

上述两个困难的难度系数都不小，那么，为了避开它们，我们需要调整之前设定概率的方式为以下方式：

> **在 [0,1]- 赌盘模型中的概率的设定**
>
> 在 [0,1]- 赌盘模型中，t 的取值范围为 0<t≤1，把 [大于 0 且小于等于 1 的数值] 的集合设为基本的事件。也就是说，将 E={满足条件 0≤x<t 的 x} 设为基本事件。之后，为事件 E 分配概率为 p（E）=t。最后，把事件 E 简略地记为（0≤x<t），其概率 p（E）简略地记为 p（0≤x<t）。

例如，若 t=0.5，那么事件 {0≤x<0.5} 则表示"选取一个大于等于 0 且小于 0.5 的数值"。如果用赌盘来解释，则表示：球落在 0≤x<0.5 范围内的号码中。这一范围内,能够由此做出比率占"一半"的判断。那么，如果设置其概率为 0.5（=t），也是符合"大致相同"观点的逻辑的。同理，若 t=0.7，那么事件"0≤x<0.7"可以看作"0≤x≤1 的 70%"，因而设定事件 E 的概率为 0.7（=t）是再自然不过的事了。如果用**图表 16-3** 这样的面积图来分析，就会发现该方法与我们一直以来掌握概率的方法，其实是一脉相承的。

图表 16-3 [0,1]- 赌盘的概率

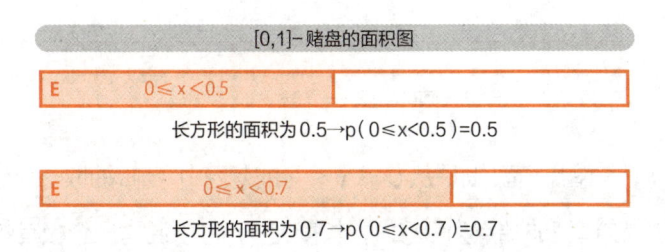

[0,1]- 赌盘的面积图
E　0≤x<0.5
长方形的面积为 0.5→p(0≤x<0.5)=0.5
E　0≤x<0.7
长方形的面积为 0.7→p(0≤x<0.7)=0.7

16-4　[0,1]-赌盘模型中的一般事件的概率

根据上一节中的基本设定，在 [0,1]- 赌盘的概率模型中，所有必要事件的概率都能够依据"概率的加法法则"计算出来。

例如，我们可以试着在"选取 $0.5 \leq x<0.7$ 范围中的 x"这一事件中，计算"$0.5 \leq x<0.7$"的概率。现在，把 $0 \leq x<0.5$ 和 $0.5 \leq x<0.7$ 这两个范围合并起来，可以得到 $0 \leq x<0.7$ 这一取值范围。因此，根据概率的加法法则可以得出：

p（$0 \leq x<0.5$）+p（$0.5 \leq x<0.7$）=p（$0 \leq x<0.7$）

如上一节中所设定的，由于第 1 项的值为 0.5，第 3 项的值为 0.7，所以第 2 项的值可以确定为：

P（$0.5 \leq x<0.7$）=0.7-0.5=0.2

以上计算过程看似烦琐，但只要考虑到 $0.5 \leq x<0.7$ 这一范围，有着 0.2 的浮动空间，那么自然也可以认为概率就是 0.2 了（**图表 16-4**）。

图表 16-4　[0,1]- 赌盘模型的一般事件

长方形的面积为 0.2→p（$0.5 \leq x<0.7$）=0.2

[0,1] - 赌盘模型，即"从 $0 \leq x \leq 1$ 的范围中，随机抽取一个数值"的模型。该模型的端点为 0 和 1，长度为 1，可以说是一个极其特殊的例子。而一般意义上的均匀分布是类似于"从 $2 \leq x<5$ 的范围里，

随机抽取一个数值"这样的。至于这种情况，可以通过**图表16-5**来试着理解。

图表16-5 [2,5]- 赌盘的概率

[2,5]- 赌盘的面积图

2≤x<t

基本事件，即如图中的{2≤x<t}这样的事件。（注意：t的取值范围满足条件2<t≤5）。根据整体长度为3这一事实，事件{2≤x<t}的长度为t-2。故设定为

$$p(2 \leq x < t) = \frac{t-2}{3}$$

（即：事件的区间长度÷3）

16-5 能够用图说明复杂概率模型的"概率分布图"

均匀分布是指，由无限个数值构成的概率模型。如果只解决这个问题，那么相比于一直以所使用的长方形的图相比，也是毫不逊色的。但对于同样的连续无限型概率模型，在后文将要解说的贝塔分布和正态分布等情况下，如果使用长方形的图解进行说明，会难于理解。那么，在这里，我们用图示来解析概率模型，不再使用长方形的面积图，而是通过其他方法，也就是**概率分布图**。

概率分布图是指，在"横轴上设定表示事件的数值、在纵轴上设定概率"的图表。

首先，选取大家熟悉的掷骰子的概率分布图为例进行解说，如**图表16-6**所示。设定横轴表示骰子的点数1~6；每个柱子的高度表示各个点数出现的概率（$\frac{1}{6} \approx 0.17$）。

图表 16-6　骰子的概率分布图

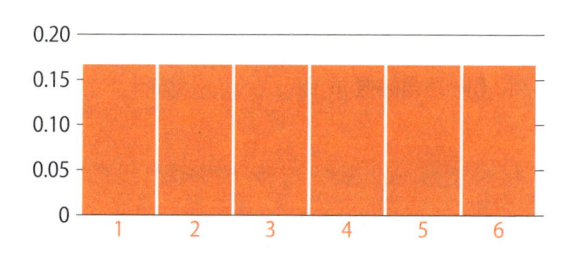

通过观察图表，我们能够从视觉上对各事件的概率进行计算。例如，出现 $2 \leq x \leq 4$ 的点数的概率，也就是 2~4 这 3 根柱子的高度之和，为：

$$P(2 \leq x \leq 4) = p(\{2,3,4\}) = \frac{1}{6} + \frac{1}{6} + \frac{1}{6} = \frac{1}{2}$$

接下来要做的是，描绘均匀分布的 [0,1]- 赌盘模型的概率分布图。该图为 6 根柱子组成的骰子的概率分布图，需要注意的是，虽然我们可以把它想象成由无限个细微的部分组成，但实际上还是有所差异的（**图表 16-7**）。

首先，横轴上排列着无数个满足条件 $0 \leq x \leq 1$ 的数值 x。因此，图表只存在于 $0 \leq x \leq 1$ 这一取值范围之内，横线 AB 的高度为 1。这里需要注意的是，"高度 1"所指的并非抽取到各个 x 的"概率"。实际上，正如方才解说的那样，对应各个 x 的整合性的概率值只有 0，如果为 1 会很奇怪。例如，在 $x=0.5$ 时，纵向线段 CD 的长度 1，而这并不是抽取到 0.5 的概率。

图表 16-7　均匀分布的概率分布图

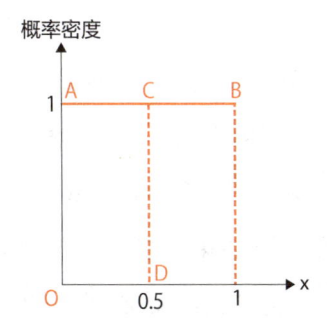

高度 CD，并不是概率本身，而是概率的密度

在诸如均匀分布这种连续型概率模型中，用来表示的概率并不是"高度"，而是"面积"。如果考虑面积的话，那么 CD 只是一条线段，面积为 0，这样想就符合了整合性的要求。

例如，基本事件 {0.5 ≤ x<0.7} 的概率，也就是**图表 16-8** 中涂有颜色的长方形的面积。该长方形的横为 0.2，纵为 1，因此面积为 0.2×1=0.2，这与上一节中所解说的基本事件 {0.5 ≤ x<0.7} 的概率是一致的。

图表 16-8　在连续型的概率分布图中，用面积表示概率

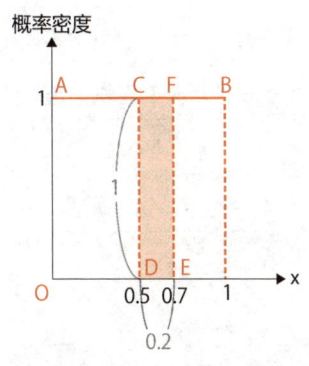

{0.5≤x<0.7} 的概率为：长方形 CDEF 的面积

用比喻性的方式来解释"概率的密度"与"概率"的关系，则就像是"速度"和"距离"之间的关系。例如，"分速 10 米"并不是指"距离"意义上的米，而是指瞬间的速度。从这个意义上来讲，距离为 0。"分速 10 米"表示：如果按照当前的状态持续 1 分钟，将会前进 10 米的距离。因此，如果以分速 10 米前进 5 分钟，那么前进的距离就是 10×5=50 米。也就是说，**速度是根据所花费的时间，首次转化为距离的量。** 而概率密度的含义也大致相同，是指**根据区间所占的宽度，首次转换为概率的量。**

第 16 讲 · 小结

1. 抛硬币或掷骰子的试验，是各个数被设定为"大致相同"的概率模型。
2. 在 [0,1]- 赌盘模型中，$0 \leq x \leq 1$ 的数值被设定为"大致相同"。
3. [0,1]- 赌盘模型是均匀分布的概率模型，它的基础是事件 $\{0 \leq x < t\}$ 所占有的区间。
4. 设定事件 $\{0 \leq x < t\}$ 的概率 $p(\{0 \leq x < t\})$ 为宽度 t。
5. 概率分布图是指，设定横轴为数值、纵轴为概率的图表。在连续型的情况下，纵轴则不用来表示概率本身，而是概率的密度。
6. 均匀分布的概率分布图为水平直线（线段）。事件的概率就是长方形的面积。
7. 在均匀分布中，（概率）=（概率密度）×（区间的长度）

练习题

运用 [0,1]- 赌盘模型，计算以下概率。

（1）p (0.2 ≤ x <0.7) = (　　)

（2）p ((0.1 ≤ x <0.4) or (0.5 ≤ x <0.9)) = (　　)

（3）p ((0.3 ≤ x <0.7) 与 (0.4 ≤ x <0.8) 的重叠部分) = (　　)

第17讲

"贝塔分布"的性质由两个数字决定

17-1　贝叶斯推理中经常使用的连续型分布——"贝塔分布"

在我们之前介绍的贝叶斯推理中，为实现先验分布而设定的类别是有限的。例如，第1讲中，关于顾客购买商品的推理，分为"来买东西的人"和"随便逛逛的人"两类；第2讲中，癌症检查的结果，分为"癌症"和"健康"两类；第4讲中关于第二胎性别的案例，分为"生女孩的概率为0.4的夫妇"、"生女孩的概率为0.5的夫妇"、"生女孩的概率为0.6的夫妇"这三类。

像上述这样，在有限的类别中进行贝叶斯推理的情况并不少见，但也有很多时候，必须要分为无限个连续的类别才行。例如，第4讲中关于第二胎性别的案例，如果把"生女孩"的概率 p 仅仅设定为0.4、0.5、0.6这三种的话，显然是不够的。毫无疑问，在这个案例中，概率 p 的取值范围应该为 $0 \leq p \leq 1$。那么，因为类别总共有连续的无限个，所以在设定先验概率时，需要设置为连续型概率分布。

本讲将介绍贝叶斯推理中出现频率很高的"贝塔分布"。理解"贝塔分布"，需要用到微分、积分等难度较大的数学知识，而本书在讲解时会尽量避免这种方式，而是采用直观的图解方法来进行说明。

17-2　何为"贝塔分布"

首先介绍"贝塔分布"这一概率分布的概念。从计算公式入手来看：横轴 x 代表基本事件的数值，纵轴 y 代表概率的密度。上一讲中已经讲过，**概率密度是指"乘以区间的长度后可以转化为概率的量"**。

贝塔分布可以用以下公式来表达：

$y =$（常数）$\times x^{\alpha-1}(1-x)^{\beta-1}$　　$(0 \leq x \leq 1)$　　…（1）

出现在指数部分 α 和 β，应为大于 1 的自然数，它用来决定贝塔分布的种类。换言之，如果赋予 α 和 β 具体的数值，就能够决定一次贝塔分布。当 α、β 为较小的数值时，贝塔分布的图表为相对简单的模型；反之，当 α、β 为较大的数值时，贝塔分布的图表则为比较复杂的模型。另外，写着"常数"的部分，是为了使标准化条件（所有事件的概率之和为 1）成立，而进行了调整的数值，因此在贝叶斯推理中并不是那么的重要。

接下来，我们通过几个例来理解。

例 1：α=1，β=1 时，

$x^0=1$，也就是"任何非零数的零次幂为 1"。（1）式为

$y =$（常数）$\times x^0(1-x)^0 =$（常数）$\times 1 \times 1 =$（常数）　$(0 \leq x \leq 1)$

$y =$（常数）的图像是一条与 x 轴平行的线段，这与上一讲中的 [0,1]-赌盘模型相一致。并且，从标准化条件来考虑的话，（常数）必须为 1。

于是也可以用以下的（2）式来表达（**图表 17-1**）。

　　y=1　　（0≤x≤1）　…（2）

例 2：α=2，β=1 时，

根据上面的（1）式，

　　y=（常数）×x^1(1-x)^0　　（0≤x≤1）

可以得出：

　　y=（常数）x　　（0≤x≤1）　…（3）

为一次函数，如**图表 17-2** 所示，函数的图像为一条向右上方延伸的线段。这里（常数）=2，原因将会在 17-4 中予以说明。

例 3：α=1，β=2 时，

根据上面的（1）式，

　　y=（常数）×x^0(1-x)^1　　（0≤x≤1）

可以得出：

　　y=（常数）(1-x)　　（0≤x≤1）　…（4）

同样为一次函数，如**图表 17-4** 所示，函数的图像为一条向右下方延伸的线段。这里（常数）=2，原因将会在 17-5 节中予以说明。

例 4：α=2，β=2 时，

根据上面的（1）式，

　　y=（常数）×x^1(1-x)^1　　（0≤x≤1）

可以得出：

　　y=（常数）×x(1-x)　　（0≤x≤1）　…（5）

为二次函数，如**图表 17-5** 所示，函数的图像为抛物线的一部分。这里（常数）=6，原因将会在 17-6 节中予以说明。

接下来，将对这些例子逐一进行详细说明。

17-3　α=1，β=1的例子即为[0,1]-赌盘模型

17-2 中已经解说过，α=1、β=1 时的贝塔分布，也就是是 [0,1]-赌盘模型（均匀分布的一种）。反过来可以说，[0,1]- 赌盘模型是贝塔分布的一种，如**图表 17-1** 所示。

图表 17-1　α=1，β=1 的贝塔分布的概率分布图

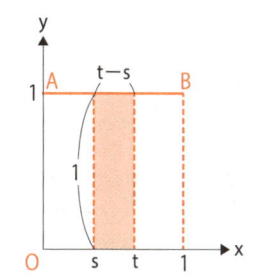

$p(s \leq x < t) = (t-s)$
根据长方形的面积 $1 \times (t-s)$
计算得来。

17-4　α=2，β=1的例子

17-2 中已经作了说明，α=2、β=1 时的贝塔分布为一次函数，即：
$y = (常数) x$　　$(0 \leq x \leq 1)$　…（3）

如**图表 17-2** 所示，函数的图像是一条穿过原点并向右上方延伸的线段。在概率分布图中，由于概率通过面积体现，所有事件的概率 p（$0 \leq x \leq 1$）与三角形 OAB 的面积相一致。那么，基于标准化条件来考虑，该面积必须为 1。而三角形的面积 =（底边）×（高）÷2，那么，底边为 1，则高为 2。也就是说，$x=1$ 时，$y=2$。因此，在（3）式中（常

数)=2。

换言之，α=2，β=1 的贝塔分布为：

$$y=2x \quad (0 \leq x \leq 1) \quad \cdots (6)$$

图表 17-2　α=2，β=1 时贝塔分布的概率分布图

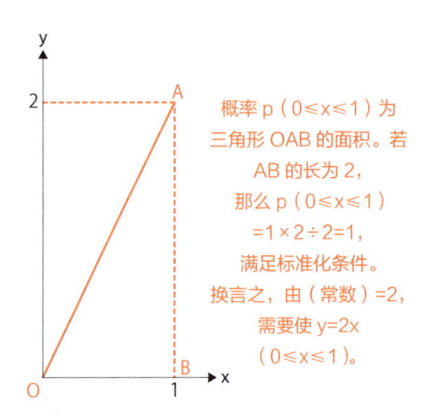

概率 p（0≤x≤1）为三角形 OAB 的面积。若 AB 的长为 2，那么 p（0≤x≤1）=1×2÷2=1，满足标准化条件。换言之，由（常数）=2，需要使 y=2x（0≤x≤1）。

下面通过一个例子，来帮助大家理解贝塔分布中的概率变化情况。例如，求事件 $\{0.5 \leq x < 0.7\}$ 的概率 p（$0.5 \leq x < 0.7$）。观察**图表 17-3**，在概率分布图中，事件的概率通过面积来表示的，而概率 p（$0.5 \leq x < 0.7$）是则为图中涂有颜色部分的梯形的面积。梯形的上底长为 $x=0.5$ 时的 y，则 y=2×0.5=1。梯形的下底长为 $x=0.7$ 时的 y，则 y=2×0.7=1.4。之前已经讲过，这个并非概率，而是一个被称为概率密度的量。此外，梯形的高度为 0.7-0.5=0.2。因此可以求出梯形的面积为：（1+1.4）×0.2÷2=0.24。也就是说，我们可以求出事件 $\{0.5 \leq x < 0.7\}$ 的概率为：

p（$0.5 \leq x < 0.7$）=0.24

图表 17-3 贝塔分布 $y=2x$ 时的概率

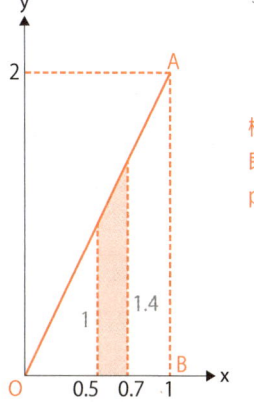

概率 p（0.5≤x<0.7）
即为涂有颜色部分的梯形的面积。
p（0.5≤x<0.7）=（1+1.4）×0.2÷2=0.24

17-5　α=1，β=2的例子

如17-2中所述，α=1、β=2时的贝塔分布为以下一次函数：

y=（常数）(1-x)　（0≤x≤1）　…（4）

如**图表 17-4**所示，函数的图像是一条穿过 A(0，2)，并向右下方延伸的线段。在概率分布图中，由于概率通过面积来表示，故所有事件的概率 p（0≤x≤1）是与三角形 OAB 的面积相一致的。基于标准化条件来考虑，该面积必须为1。由于底边为1，故高为2。也就是说，当 x=0 时，y=2。因此，在（4）式中（常数）=2。换言之，α=1，β=2的贝塔分布为：

y=2(1-x)　（0≤x≤1）　…（7）

第17讲　「贝塔分布」的性质由两个数字决定

图表 17-4 α=1，β=2 的贝塔分布的概率分布图

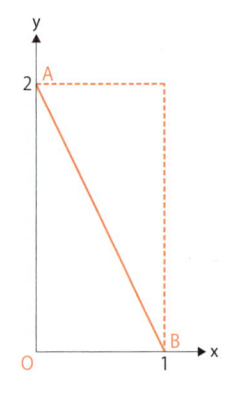

概率 p（0≤x≤1）
为三角形 OAB 的面积。
因此，为了使
p（0≤x≤1）=1，线段 OA
的长度必须为 2。
也就是说，由（常数）=2，
需要使 y=2（1-x）（0≤x≤1）。

17-6　α=2，β=2 的例子

17-2 中已经讲过，当 α=2、β=2 时，贝塔分布为以下二次函数：

y=（常数）×x（1-x）（0≤x≤1）　…（5）

如**图表 17-5** 所示，图像为抛物线（二次函数图像）的一部分。在概率分布图中，由于概率通过面积来表示，故所有事件的概率 p（0≤x≤1）与抛物线和 x 轴围成的图形面积是一致的。基于标准化条件来考虑，由于该面积必须为 1，那么用积分方法来计算面积，决定了在（5）式中（常数）=6。换言之，α=2、β=2 的贝塔分布为

y=6x（1-x）　（0≤x≤1）　…（8）

在该概率分布中，若要计算出事件 {0.5≤x<0.7} 的概率 p（0.5≤x<0.7），只需计算出图中涂有颜色部分的面积即可。但由于它是一个曲线图形，因此必须使用积分运算，用数学公式来表达，即为：

$$p(0.5 \leq x < 0.7) = \int_{0.5}^{0.7} 6x(1-x)\,dx$$

对于初学者来说，贝叶斯推理有着相当的难度的原因：即使在入门部分，也需要用到微积分的思考方式。当然，在标准的统计学（内曼－皮尔逊统计学）中，微积分的运用也是不可缺少的。不过，一般情况我们需要的推理，不一定会用到微积分，而大部分教科书也是采用的这种写法。另一个原因，在本书的后文部分也会涉及：在贝叶斯推理中，即便是入门阶段也不可避免地需要用到微积分。为此，本书选取了一个折中的方案：对概率密度函数进行解说，但不会涉及更深入的微分概念；此外，会针对概率分布图中，概率即面积这一问题进行解说，但也会省略掉如何具体运用积分理论计算面积的过程。总之，会在最大程度上避免涉及太多的微积分概念。

图表 17-5 α=2，β=2 的贝塔分布的概率分布图

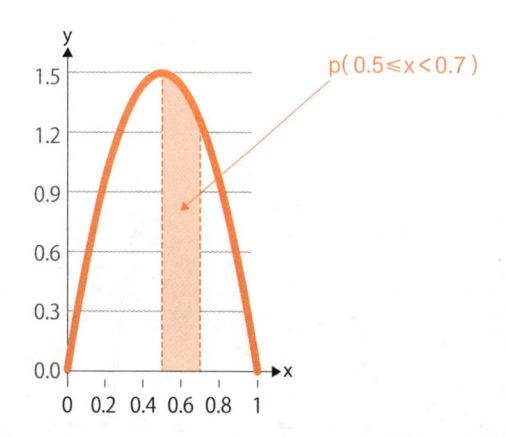

17-7 在贝塔分布中,若 α、β 增大,情况就会变得复杂

截至上一节,我们所讨论过的贝塔分布的例子中,α、β 均不大于2,因而图形也相对简单。而如果 α、β 均大于2,那么就会形成我们不大熟悉的图形。下面,列举一个 α、β 的数值均比较大的例子,如 α=4、β=3 时的贝塔分布。

$$y=60x^3(1-x)^2 \quad (0 \leq x \leq 1) \quad \cdots (9)$$

如**图表 17-6** 所示。

图表 17-6 α=4、β=3 的贝塔分布的概率分布图

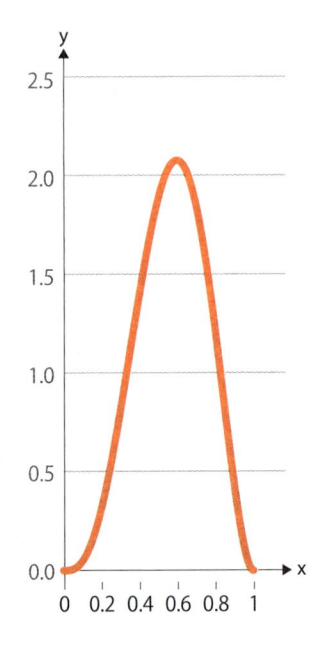

第17讲·小结

1. 贝塔分布，是 x 的取幂和（$1-x$）的取幂相乘的形式。
2. 在 x 的 0 次幂和（$1-x$）的 0 次幂的情况下，与均匀分布相一致。
3. 在 x 的 1 次幂和（$1-x$）的 0 次幂、x 的 0 次幂和（$1-x$）的 1 次幂的情况下，概率分布图为线段。
4. 在 x 的 1 次幂和（$1-x$）的 1 次幂的情况下，概率分布图为抛物线。
5. 常数是由标准化条件（面积之和为 1）决定的。

第 17 讲「贝塔分布」的性质由两个数字决定

练习题

当 α=3、β=2 时，贝塔分布的概率密度表示如下：

$y = 12x^2(1-x)$

此时，计算以下关于 x 的概率密度。

（1）$x = \dfrac{1}{2}$ 的概率密度

（2）$x = \dfrac{1}{3}$ 的概率密度

（3）$x = 1$ 的概率密度

第18讲

决定概率分布性质的"期待值"

18-1 用一个数值来代表概率分布

在贝叶斯推理中,可以计算出各个类别的后验概率。例如,第2讲中,可以根据检查结果呈阳性,计算出"患癌症的后验概率为4.5%""身体健康的后验概率为95.5%"。如果将患癌症设为数值1、身体健康设为数值0的话,这与在 $x=0,1$ 时计算出的概率分布情况相同,因此也可以视为一个问题得到了解决。

但是,第4讲的案例:根据某对夫妇第一胎为女孩的事实,来计算"第二胎也是女孩的后验概率",这种情况又需要另当别论。第4讲中,将该夫妇生女孩的概率设为"0.4"、"0.5"、"0.6"三种,并计算这三种情况各自的可能性。通过贝叶斯推理得出的结论是:"0.4"的后验概率为27%,"0.5"的后验概率为33%,"0.6"的后验概率为40%。也就是说,设定 $x=0.4$、0.5、0.6 时,计算得出的概率分布分别为0.27、0.33、0.4。但是,上述结论并不能解答"该夫妇第二胎也是女孩的概率"

的问题，而是提供一个用数值来回答问题的方法，这个数值就是所谓的"期待值"。第 4 讲中虽然讲解了期待值的计算方法，但并没有详细说明期待值的含义。现在，我们已经掌握了概率分布的思考方式，所以可以详细地了解一下"期待值"的相关知识。

18-2　期待值的计算方法

下面，通过具体事例来讲解，用一个数值来代表概率分布"期待值"的计算方法。首先，第 14 讲中关于天气的概率模型为例，其基本事件的集合为：

{晴天，阴天，雨天，雪天}

将其概率分布设定为：

p（{晴天}）=0.3、p（{阴天}）=0.4、p（{雨天}）=0.2、p（{雪天}）=0.1

为了制作概率分布图，在这里需要将基本事件设为数值。设定天气越恶劣，数值越大，即：

晴天→1、阴天→2、雨天→3、雪天→4

概率分布图如**图表 18-1** 所示。

图表 18-1　天气的概率分布图

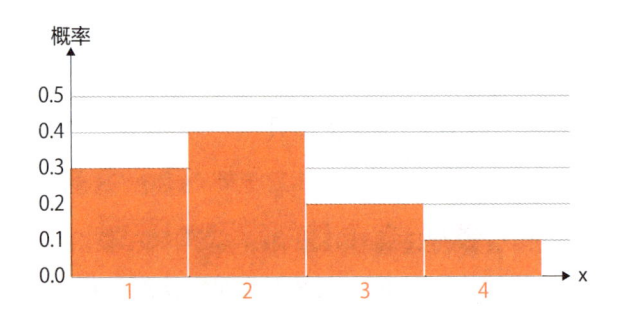

该图表体现了各种天气出现的频率。我们想要了解的是"该地区的天气情况大致如何"的问题,即"**如何用一个数值来表示该地区的天气**"。这个数值也就是**期待值**,计算方法如下:

(概率分布的期待值)=(数值)×(取该数值的概率)的合计

如果将该公式运用到上述天气概率分布的具体例子中,则为:

(天气的概率分布的期待值)=1×0.3+2×0.4+3×0.2+4×0.1=2.1

具体到概率分布图 18-1 中,即"**横轴数值与纵轴数值乘积的合计**"。

如果使用语言来解释得到的结果数值 2.1 的话,那就是"**该地区的天气从阴天轻微偏向雨天**"。

在期待值的计算中,(数值)×(得到该数值的概率)这一乘法运算意味着"加权"。例如,数值"3"表示"雨天",其发生比率占整体的 0.2,所以"将 3 的影响力弱化至 0.2 倍后再相加",这种计算方式被称为"**加权平均**"。

18-3　长期来看，期待值是与实际情况相符的

首先，对期待值的数值含义进行说明。

就上一节中天气的例子来思考，如果设定每天的天气为：

晴天→1、阴天→2、雨天→3、雪天→4

然后进行 N 天的长期记录，那么，根据概率为：

　p（{晴天}）=0.3、p（{阴天}）=0.4、p（{雨天}）=0.2、p（{雪天}）=0.1

可以得知，晴天大概有 0.3N 天、阴天大概有 0.4N 天、雨天大概有 0.2N 天、雪天大概有 0.1N 天。因此，记录下的数值之和合计约为：

　1×0.3N+2×0.4N+3×0.2N+4×0.1N

　=（1×0.3+2×0.4+3×0.2+4×0.1）N

　=2.1N

回想一下之前计算出的期待值也是 2.1。因此可以得出：

　（实际点数的 N 天量的合计）≈（N 个期待值的合计）

也就是说，**"如果每天都对期待值进行统计，那么长期来看，结果与实际情况是基本保持一致的"**。这意味着"从长期的角度来看，期待值的合计结果与实际情况一致"。以上就是针对"期待值"含义的最直观的说明。

18-4　期待值可以作为使概率分布图保持平衡的支点

以下，针对**如何理解期待值的图像**进行说明。结论是，**期待值可

以作为使概率分布图保持平衡的支点。可以使用瓦楞纸板支等制成**图表 18-2** 所示的具体天气概率分布图的立体模型,类似两臂平伸姿势的挑担偶人玩具。此时,**如果将表示期待值的点作为支点,左右两侧将保持平衡,模型整体会处于稳定状态**。

图表 18-2 期待值处为平衡支点

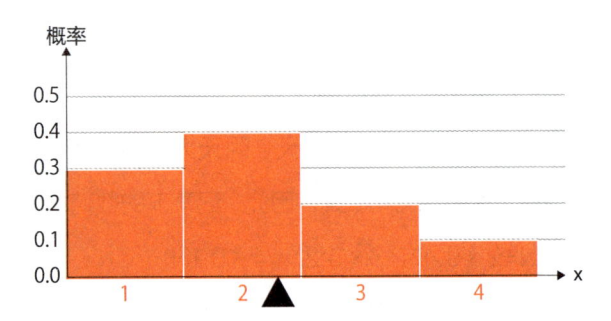

制作概率分布图的挑担偶人模型,若以表示期待值的点作为支点,左右两侧将会保持平衡。

能够保持平衡的原因如下:

以 m 为支点,那么 x 处的旋转力(专业上称为力矩)为:

(纵轴的高度)×($x-m$)

正向的旋转力为顺时针方向,负向的旋转力为逆时针方向。例如,在点 1 处,逆时针方向的旋转力为 $0.3 \times (1-m)$。

图表 18-3　挑担偶人上的旋转力

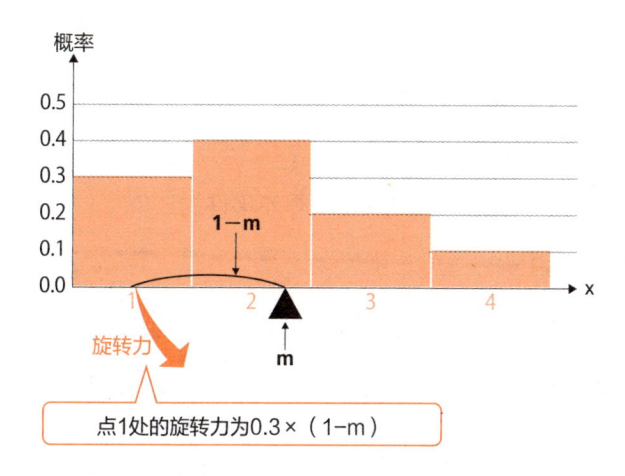

（图中标注：概率；1-m；m；旋转力；点1处的旋转力为0.3×（1-m））

"挑担偶人保持平衡稳定的状态"，是指旋转力的和为0（正反两个方向都不受力）。因此，使以下等式成立的m，就是"平衡的支点"。

$$0.3\times(1-m)+0.4\times(2-m)+0.2\times(3-m)+0.1\times(4-m)=0$$

该式可转化为，

$$1\times0.3+2\times0.4+3\times0.2+4\times0.1=(0.3+0.4+0.2+0.1)m$$

在进行计算时，根据标准化条件得知，等号右边的括号中各项之和为1，而毫无疑问，等号左边为期待值，即：

（x 的期待值）= m

也就是说，如果将期待值的数值作为支点 m，就可以使两侧的旋转力之和为0，实现平衡。这一原理在所有的概率分布中都成立。

18-5 计算掷骰子和生女孩案例中的期待值

我们已经了解了期待值的概念和含义,下面来试着计算以下两个例子中的期待值,并用图来表示。

第一个例子,掷骰子的期待值。基本事件为:

{1,2,3,4,5,6}

概率为:

$p(\{1\}) = \frac{1}{6}$、$p(\{2\}) = \frac{1}{6}$、$p(\{3\}) = \frac{1}{6}$、$p(\{4\}) = \frac{1}{6}$、$p(\{5\}) = \frac{1}{6}$、$p(\{6\}) = \frac{1}{6}$

依据期待值的定义进行计算:

(掷骰子的期待值)$= 1 \times \frac{1}{6} + 2 \times \frac{1}{6} + 3 \times \frac{1}{6} + 4 \times \frac{1}{6} + 5 \times \frac{1}{6} + 6 \times \frac{1}{6} = 3.5$

如果沿着"使挑担偶人保持平衡"的思路来思考,甚至不需要进行计算。如**图表 18-4** 所示,由于掷骰子的概率分布图是左右对称的,那么在挑担偶人模型中,平衡的支点必须为正中。因此,期待值为 3.5。

图表 18-4 掷骰子的期待值

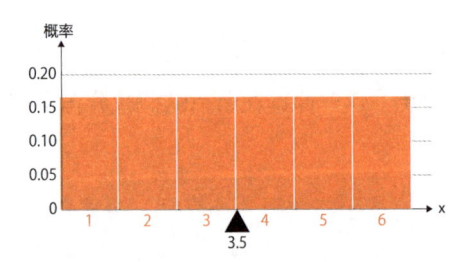

由于掷骰子的概率分布图是左右对称的,所以平衡的支点为正中间的3.5

下面，我们来回顾一下第 4 讲中关于"某对夫妇第二胎生女孩的概率"这一案例，来计算该例中的概率分布期待值。

在这个例子中，设定 x=0.4、0.5、0.6 时的概率分布为 0.27、0.33、0.4。

由此可计算出期待值为：

（x 的期待值）=0.4×0.27+0.5×0.33+0.6×0.4=0.513（见图表 4-8）。

我们再思考一下关于该模型的问题：已经该夫妇的第一胎为女儿，那么，设定问题为"该夫妇生的第二胎依然是女孩的概率是 0.4？ 0.5？还是 0.6？"之后根据贝叶斯推理，计算出对于 0.4、0.5、0.6 的后验概率分别为 0.27、0.33、0.4。这意味着，"第二胎依然是女孩"的概率为 0.4 的可能性是 0.27，概率为 0.5 的可能性是 0.33，为 0.6 的可能性是 0.4。而这些数值作为"概率的概率"这样一种双重概率，也就是"关于概率的概率分布"。

图表 18-5　某夫妇生的第二胎依然是女孩的概率的期待值

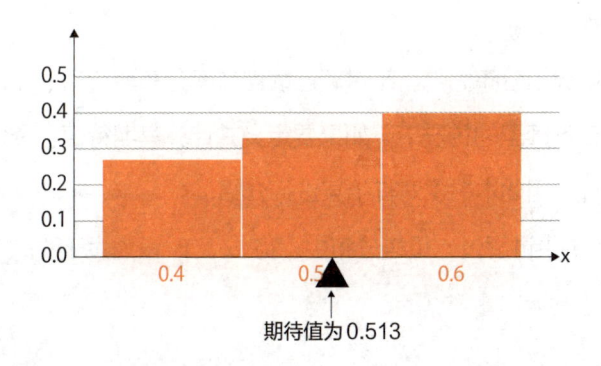

期待值为 0.513

虽然我们已经知道了 0.4、0.5、0.6 这三种概率分别对应的可能性数值，但其实我们真正想要的是"该夫妇生的第二胎依然是女孩的概率究竟是多少"的答案。而对此进行估算时，期待值可以作为一个合适的指标。因为**期待值是代表概率分布的数值**。因此，根据图表 18-5 可以进行如下推算：

（第一胎生女孩的夫妇，第二胎依然是女孩的概率）=0.513

在没有获得任何信息时，认为概率是 0.5 的想法是妥当的；而在已知第一胎是女孩的情况下，**通过贝叶斯推理可以估算出：第二胎依然是女孩的概率要略大于 0.5**。

18-6　通过贝塔分布来计算期待值

学习完上述知识后，下面我们来思考连续型概率分布的期待值。在连续型概率分布中，由于已经给出了连续无限个数值的概率密度，所以很难通过各个数值来掌握其存在方式，而只有通过图表的形状来把握才比较现实。在这个前提下，能够通过一个数值来代表分布的期待值的作用就更为重要了。

下面以贝塔分布为例，来讲解连续型概率分布期待值的知识点。即便如此，在连续型的情况下，如果要定义并计算其期待值，依然需要进行积分计算，因此本书仅对其结果进行介绍。

第 17 讲中讲解过，贝塔分布中，将 α、β 设为大于 1 的常数，如下所示：

$y = (常数) \times x^{\alpha-1}(1-x)^{\beta-1}$　　（$0 \leqslant x \leqslant 1$）

x 为基本事件的数值，y 为概率密度。贝塔分布的期待值的公式如下：

$$（贝塔分布的期待值）= \frac{\alpha}{\alpha+\beta}$$

具体解说可参照"补讲"部分。

下面，针对第17讲中列举出的贝塔分布，使用该公式计算其期待值，并试着用图表示出来。

首先，$\alpha=\beta=1$ 时，贝塔分布的常数函数为：

$y=1$（$0 \leqslant x \leqslant 1$）

其期待值为：

$$\frac{1}{\alpha+\beta} = \frac{1}{1+1} = \frac{1}{2}$$

由于其概率分布图是左右对称的，所以挑担偶人的支点一定在正中间。

图表 18-6　$\alpha=1$、$\beta=1$ 时贝塔分布的期待值

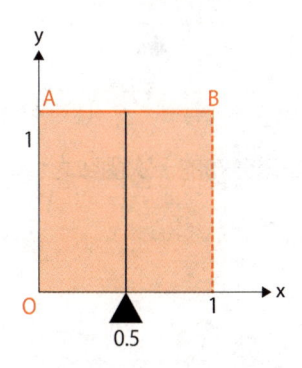

α=2、β=1时，贝塔分布的一次函数为

y=2x（0 ≤ x ≤ 1）

其期待值为：

$$\frac{1}{α+β} = \frac{1}{2+1} = \frac{2}{3}$$

此时，如果取 2/3 处作为支点，挑担偶人将保持平衡。观察**图表 18-7**，可以理解其原因。

图表 18-7　α=2、β=1 时贝塔分布的概率分布图

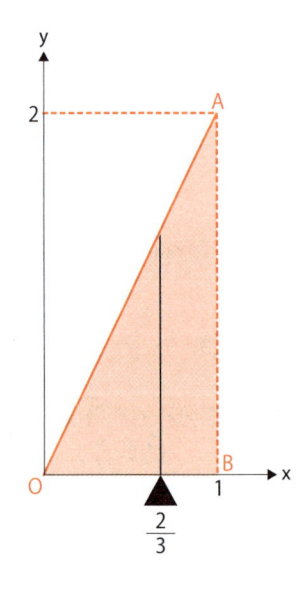

α=1、β=2 时，贝塔分布的一次函数为

y=2（1-x）（0 ≤ x ≤ 1）

其期待值为：

$$\frac{1}{α+β} = \frac{1}{2+1} = \frac{1}{3}$$

我们可以清楚地看到，该图即为上一个例子左右颠倒后的图像。因此，挑担偶人的平衡方式，也与上一个例子呈左右调转状。

图表 18-8　α=1、β=2 时贝塔分布的期待值

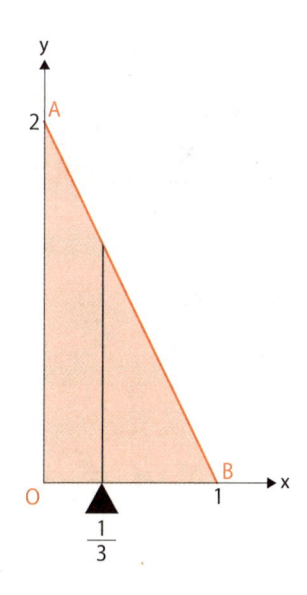

α=2、β=2 时，贝塔分布的二次函数为

$y=6x(1-x)(0 \leq x \leq 1)$

其期待值为：

$$\frac{1}{\alpha+\beta} = \frac{2}{2+2} = \frac{1}{2}$$

该概率分布图为左右对称的抛物线，因此挑担偶人的支点在正中间。

图表 18-9 α=2、β=2 时贝塔分布的期待值

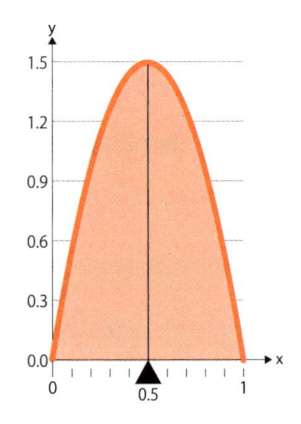

最后,α=4、β=3 时,贝塔分布的函数为

$y=60x^3(1-x)^2(0 \leqslant x \leqslant 1)$

其期待值为:

$$\frac{\alpha}{\alpha+\beta} = \frac{4}{4+3} = \frac{4}{7}$$

图表 18-10 α=4、β=3 时贝塔分布的期待值

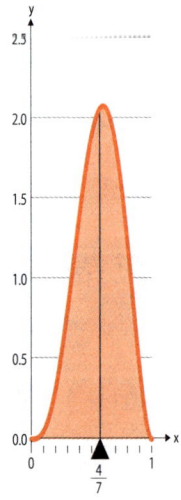

第18讲 · 小结

1. 期待值,即为通过该数值,可以代表概率分布的数值。
2. 期待值的计算方法为:

   (数值)×(取该值时的概率)的合计
3. 无数个期待值的合计值,与实际趋于一致。即,

   (N次计算出的数值的合计)=(期待值的N倍)

   在N的取值足够大的情况下成立。
4. 期待值,为挑担人偶型概率分布图保持平衡使的支点。
5. α、β为常数时,贝塔分布的期待值为 α/(α+β)

练习题

(1) 已知:中一等奖10000日元的概率为0.01,中二等奖5000日元的概率为0.03,中三等奖100日元的概率为0.1。则奖金的期待值为:

(　　)×(　　)+(　　)×(　　)+(　　)×(　　)=(　　)日元

(2) 贝塔分布 $y=1320x^7(1-x)^3$ 的期待值为:

$$\frac{(\quad)}{(\quad)+(\quad)} = (\quad)$$

专栏 column

何为"主观概率"？

"主观概率"一词并不很常见，但作为关于概率的一种思考方法，有着确切的起源。用数学方法来思考概率问题，是在17世纪法国数学家帕斯卡和费尔马的研究之后才开始的，但"准确性"这一思考方法，在很久之前就已经诞生了。所谓"准确性"，是指"有多大的可信度""其证据有多大的说服力"等"主观性"的东西。

17世纪，德国数学家莱布尼茨认为，这样的"可信性""证据能力"，也就是"概率"。同时，莱布尼茨也是一位法学家，他对审判时的推论进行了研究：在审判中，需要用证据来证明被告人的罪行。而此时，被告人有罪一事的"可信性"，就构成了主观概率。

第13讲后的专栏中介绍过20世纪美国的萨维奇，将主观概率设立为明确的数学理论。萨维奇运用的是经济学的传统方法：假设，若事件A发生，可获得1万元的f奖；若事件B发生，可获得1万元的g奖。现在的问题是：你想要哪一种？假设你的回答是f奖。那么经济学上将这个答案记做f>g。此时，相比于B，你更相信A的"准确性"，这一点是无疑的。如果将所有的事件都做成上述调查问卷的形式，那么根据你的答案，就可以判断出所有事物的准确性的大小关系，而这个"关系"就可以被定义为"概率"。在刚才的例子中，则显示为p(A) >p(B)，而这个概率不等式，是根据你的主观判断而得来的。萨维奇主张，像这样得来的便是"主观概率"。

第19讲

在"贝塔分布"中使用概率分布图进行高级推理

19-1 对"生女孩"的案例进行更准确的推理

在上一讲的基础之上,下面,我们开始解说使用了贝塔分布的贝叶斯推理过程。

这一次,我们依然使用第 4 讲中的例子——"若某对夫妇生的第一胎为女孩,那么第二胎依然为女孩的概率是多少"这个问题。第 4 讲中的推理,是在相当不充分的设定之下进行的。这是由于,在设定这对夫妇"生女孩的概率"的类别时,只考虑了 0.4、0.5、0.6 这 3 种情况,但并没有给出为何只设定这 3 种情况的相关证据。而实际上,大于 0 且小于 1 的所有数值都可以设为"生女孩的概率"。在学习第 4 讲时,我们只能做到为有限个数的类别设定先验概率;而现在,我们已经学会了处理连续型的概率分布,那么,也就可以在自然状态的设定下,进行贝叶斯推理。本讲中将会使用贝塔分布,来完成上述推理过程。

19-2　设定先验分布为均匀分布，并进行推理

把某对夫妇生女孩的概率设为 x。x 表示这对夫妇的"类别"。由于类别是未知的，所以将其作为推理的对象。

虽然我们知道，类别 x 一定是一个大于 0 且小于 1 的数值，但并不知道具体的数值。因此，需要设定每一类别分别对应何种程度的先验概率。当 x 分为 3 种情况时，设定各 x 的数值为事前"概率"是完全没问题的。但在本次推理中，x 可以有连续无限个数值，因此设定的数值为**"概率密度"**（第 16 讲中对于"概率密度"这一概念已经进行了解说）。把各个类别的可能性的设定为概率密度时，称为**"先验分布"**。

在这里，暂且把表示 x 的先验分布的概率分布，假设为均匀分布。

这意味着，不管该夫妇所属的类别 x 为何种可能性，都假定其相等（大致相同）。也许有的读者会不理解这样进行假设的原因，认为"x 在接近 0 或接近 1 的情况下，与接近 0.5 的情况下，结果是相等的"这样的设定不合逻辑。这是一个合理的疑问。在下一节中，将会以能够解答这个疑问的先验分布为例，来进行解说。而作为学习的出发点，首先我们来一起思考均匀分布的先验分布。

关于类别 x（x 为某对夫妇生女孩的概率）的先验分布，设定如下：

$y=1$　（$0 \leqslant x \leqslant 1$）

它的含义是：不论哪种类别 x 的可能性，其概率密度都为 1。可以这样来理解：首先像第 4 讲的图表 4-1 中那样，把 $p=0.4$，0.5，0.6 这 3 种类别设为对等（概率均为 $\frac{1}{3}$）的情况,然后对其进行无限的细化，

并设为同等的（概率密度均为 1）情况。这意味着，不管从哪个类别中分配到，其概率密度都是相等的，所以把它们都设定为全部相等。另外需要加以说明的是，概率密度 1 并不等于概率。概率密度和概率是不同的概念：概率密度是在计算 x 的宽度时，运用乘法计算面积时最初的概率的量。

在**图表 19-1** 中，先验分布即为 x 轴上方的部分。

图表 19-1　类别为均匀分布的情况

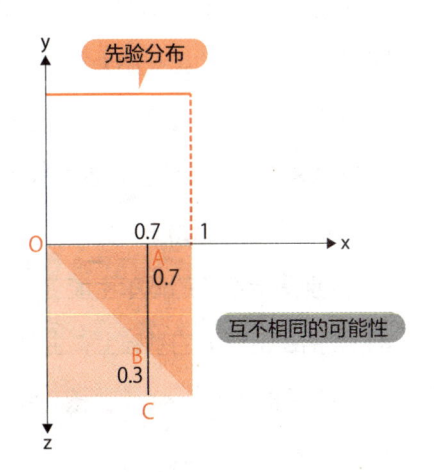

接下来，x 轴的下方的长方形，可以对应第 4 讲的图表 4-3 的长方形分割图，也就是划分出互不相同的几种可能性。在图表 4-3 中，划分了 6 个长方形，但在图表 19-1 中，划分为无数条线段（AB 或 BC 即为其中的 1 条）。

从有限变成无限的情形，如**图表 19-2** 所示。

图表 19-2　从有限到无限

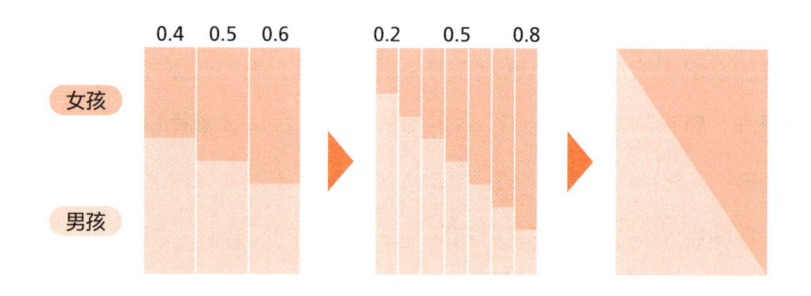

那么，接下来可以这样分析图表 19-1：例如，图中的 $x=0.7$（点 A）表示该夫妇的类别为 0.7，换言之，表示"这对夫妇生女孩的概率"为 0.7 这样一种可能性。因此，这对夫妇生的第一胎为女孩（这样一种可能性）的概率密度为 0.7，用线段 AB 来表示。那么，生男孩的概率密度自然为 0.3，用线段 BC 的长度来表示。实际上，这里采用了"& 的事件的概率法则"（见 15-3）。换言之，表示为：

（AB 的长度）=（类别是 $x=0.7$ 的概率密度）

$\quad\quad\quad\quad$ ×（类别在 $x=0.7$ 的基础上，生女孩的概率）

$\quad\quad\quad\quad$ =（$x=0.7$ 时的 y）× p（女孩 |$x=0.7$）

$\quad\quad\quad\quad$ =1×0.7

$\quad\quad\quad\quad$ =0.7

在 19-3 之后，这个问题将成为基本的知识点。

假设我们获得了"这对夫妇生的第一胎为女孩"这样一条信息吧。那么，就可以把图表 19-1 中涂有颜色中的浅色部分的线段（生男孩的可能性）排除在外，只留下涂有颜色中的深色部分的线段（生女孩的可能性），如**图表 19-3** 所示。

图表 19-3 排除生男孩的可能性

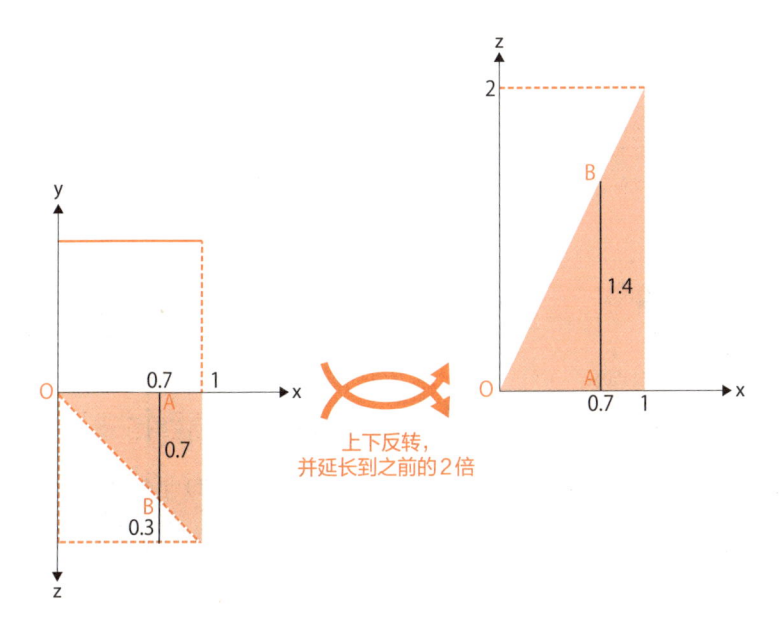

排除掉生男孩后的可能性之后，便不符合标准化条件（所有事件的概率之和为 1）了。由于表示生女孩这种可能性（涂有颜色的深色部分的三角形）的面积为 0.5，那么，为了把它的面积变为 1，需要在保持各线段的比例关系的同时，变更概率密度。**只要把每条线段延长到之前的 2 倍，就能满足标准化条件了**（三角形的高度变为之前的 2 倍）。图表 19-3 的右侧部分，表示这一步骤完成之后的状态——把左侧的 x 轴下方的部分翻转过来，再纵向延伸到之前长度的 2 倍。需要注意的是，**右侧部分的图像即为贝塔分布的 $\alpha=2$、$\beta=1$ 的情况**（见 17-4）。这个是在获得了"该夫妇生的第一胎是女孩"这条信息时，关于这对夫妇的类别 x 的后验分布。同时还需注意的是，它表示的不是后验概率，而是后验分布。这是因为，分布图表示的是概率密度。后验分布如**图表**

19-4 所示。

图表 19-4　先验分布和后验分布

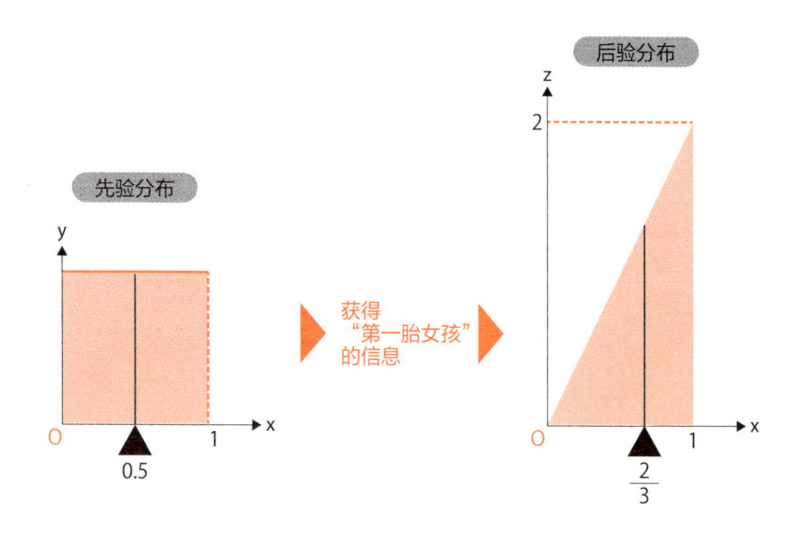

先验分布

后验分布

看图可知，虽然关于该夫妇生第一胎之前的类别 x 的先验分布，为均匀分布（无论哪种类别 x，结果都是相同的）。但在获得了"第一胎为女孩"的信息之后，关于类别 x 的后验分布，就变更为 $z=2x$ 这样的贝塔分布了。这意味着，类别 x 的后验概率密度，是随着 x 的增大而增大的。

如果各位读者不想对类别 x 的分布进行推理，而是想推测"这对夫妇的第二胎为女孩的概率"的话，那么，计算 x 的概率分布的**期待值**就可以了。先验分布和后验分布都是贝塔分布，在上一讲中已经对于它们的期待值的计算方法进行了解说。左侧的均匀分布（$\alpha=1$、$\beta=1$ 的贝塔分布）的期待值为 0.5，右侧的 $\alpha=2$、$\beta=1$ 的贝塔分布的期待值为 $\frac{2}{3}$。因此，虽然在事前推测"生女孩的概率"为 0.5，但是在获得"第一个孩子是女孩"的信息之后，便更改为 $\frac{2}{3}$。

19-3 第二胎依然为女孩时的推理

为了帮助大家了解采用贝塔分布的优势，下面我们针对该夫妇生的第二胎依然女孩的情况，进行贝叶斯推理。

由于关于类别的先验分布为均匀分布，那么，可以通过两胎连续生女孩的情况设定，来计算结果。而根据第 12 讲中解说的"**贝叶斯推理的序贯理性**"这一性质（见 12-4），把上一节中求出的后验分布（$z=2x$）再次设定为先验分布，并在此基础上，根据"这对夫妇再次生了女孩"的信息，可以得出后验分布是相等的结论。那么，下面我们就用这个方法进行贝叶斯推理吧。

图表 19-5 先验分布和后验分布

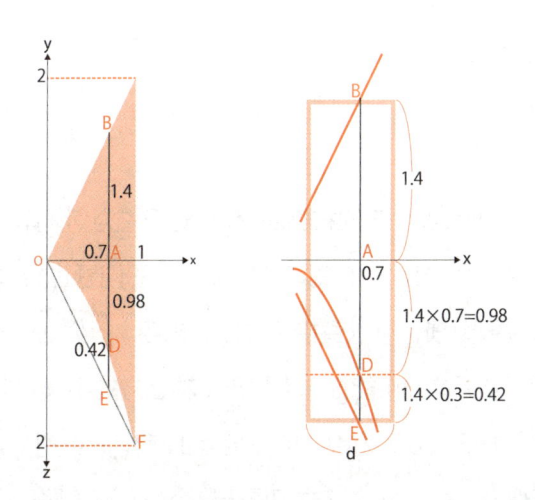

首先看**图表 19-5** 的左侧部分：x 轴上方的部分表示先验分布，如设定一样，贝塔分布为 $y=2x$。下方则表示，在获得"该夫妇生了女孩"

的信息之后，各种可能性的划分。先说明结论：下图中涂有颜色部分的界限曲线为抛物线

$z=2x^2$　　…（1）

该抛物线上方涂有颜色的部分，表示该夫妇在类别 x 的情况下生女孩的概率密度。此外，该夫妇在类别 x 的情况下，生男孩的概率密度为直线 OF 和抛物线（1）围成的部分。

第 15 讲中已经进行了解说：该夫妇在类别 x 的情况下，生女孩的概率密度为（1）式，是依据"& 的事件的概率法则"。由于该夫妇在类别 x 的情况下，生女孩的概率密度为 x，那么在条件概率 p（信息 | 类别）中，若类别 = "x"、信息 = "女孩"，那么这个概率模型可以设定为：

p=（女孩 |x）=x

因此，

p（（该夫妇为类别 x）&（类别 x 的夫妇生了女孩））

=p（类别 x）× p（女孩 |x）

=$2x \times x$

=$2x^2$

下面，通过**图表 19-5** 的右侧部分，来对于"为何概率密度和概率，都能够用乘法运算求出 & 的概率密度呢？"的问题进行说明（如果觉得这样的解说很烦琐，可以直接跳过以下内容）。以类别 x=0.7 为例：该夫妇的类别 0.7 这一可能性，近似于 x 轴上方的小长方形。若把宽度设为 d，那么关于以 0.7 为中心的宽度 d 的范围的类别 x，可以将其概率密度全部视为 1.4。那么，该夫妇属于这个长方形（属于这种可能性）的概率为：d×1.4。这里，运用了将概率密度乘以宽度转换为概率的方

法。由于属于该情况的夫妇，生女孩的概率为 0.7，那么（该夫妇属于类别 0.7）&（类别 0.7 的夫妇生女孩）这种可能性，便可以认为近似于 x 轴下方以线段 AD 为长的长方形。

在这个长方形中，点 D 处于划分 0.7 和 0.3 的比率的位置，因此，这个面积为（d×1.4）×0.7。由此可以计算出 AD 的长度（除去宽度 d）1.4×0.7=0.98。

之后，根据获得的"第二胎依然为女孩"的信息，可以排除掉图表 19-5 左侧部分的 OF 和抛物线（1）围成的部分，只留下抛物线（1）和 x 轴围成的部分（涂有颜色的部分）。由于这个面积不等于 1，因此需要像之前一样，使用标准化条件，使其面积变为 1。

这里需要注意的是，二次函数 $y=$（常数）x^2 为 α=3、β=1 时的贝塔分布。因此，满足标准化条件的后验分布为：（对于推理来说，"系数为 3"并不重要，故此处省略原因）。

$y=3x^2$ （$0 \leq x \leq 1$）

那么，根据上一讲中的公式，可以求出 α=3、β=1 的贝塔分布的期待值为：

$$\frac{α}{α+β} = \frac{3}{3+1} = \frac{3}{4}$$

也就是说，贝叶斯推理的结论是，**该夫妇生的第一胎为女孩，那么第二胎依然为女孩的概率为 $\frac{3}{4}$**。

图表 19-6 第二胎依然为女孩时的后验分布

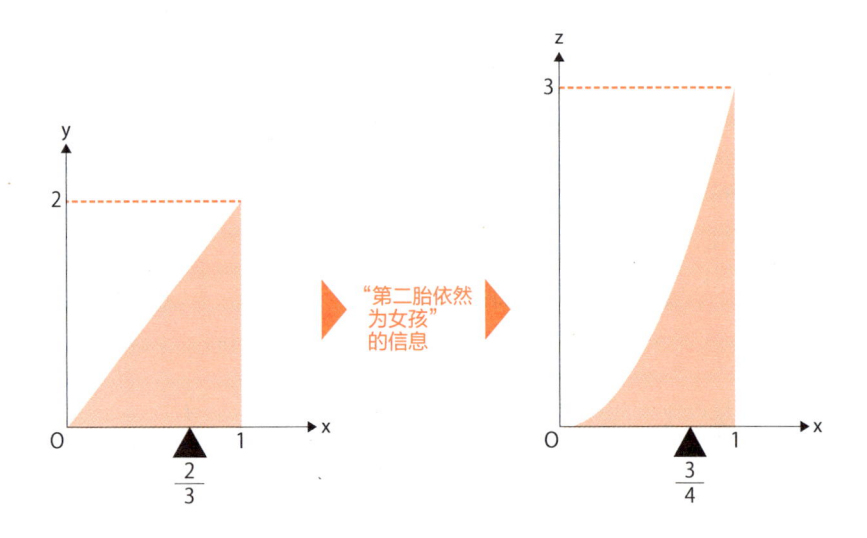

19-4 设定先验分布非均匀分布,并进行推理

如 19-2 中解说的那样,多数人认为,把"某对夫妇生女儿的概率"的先验分布设定为均匀分布,并不十分恰当。这是由于,一般来说很难认为当类别接近 0 或 1 时,与接近 0.5 时的情况是相同的;而最初的设定——接近 0.5 的类别容易发生,远离 0.5 的类别难以发生这样的思路则更为普遍。最后,以这种情况为例来进行解说。

此时,可以将先验分布设定为 α=2、β=2 的贝塔分布。正如第 17 讲中的解说,该分布为:(**图表 19-7**)

$y=6x(1-x)$ ($0 \leqslant x \leqslant 1$)

图表 19-7 非均匀贝塔分布的先验分布

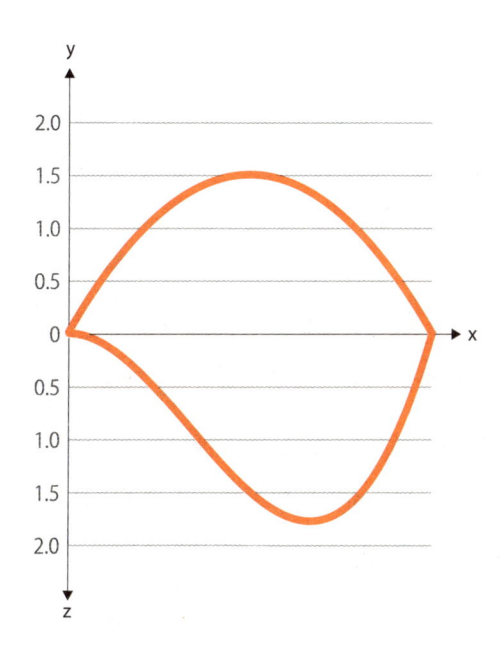

在上述先验分布的情况下,离类别 0.5 越远,其概率密度越小。此时,"类别 x 的夫妇生女孩"的概率为:

p((类别 x)&(女孩))
=p(类别 x)×p(女孩|x)
=6x(1−x)×x
=6x^2(1−x)

因此,实行标准化条件之后,从作为后验分布的贝塔分布中可以求出:(此处省略说明系数为 12 的理由)

$z=12x^2(1-x)$

据此,这对夫妇第二胎依然为女孩的概率,可以从贝塔分布的期待

值的公式（第 18 讲）

$$\frac{a}{a+\beta} = \frac{3}{3+2} = \frac{3}{5}$$

中推理得出，结果为 0.6。因此可以得出，相比于把均匀分布作为先验分布时（推算值约为 0.67），推算出生女孩的概率的数值要更接近 0.5 一些的结论。这个推理应该可以说服大多数人吧。

19-5　在先验分布中运用贝塔分布的原因

读到这里，大家大概应该已经明白，为何把"某对夫妇生女孩的概率"的贝叶斯推理中的先验分布设定为贝塔分布的原因了吧。这是因为，**后验分布也恰好为贝塔分布**。

生女孩的概率是把类别 x 的概率密度乘以 x，生男孩的概率是用类别 x 的概率密度乘以（$1-x$）计算出来的。之后，把类别 x 的先验分布设定为贝塔分布，就知道后验分布也同样为贝塔分布了。

像这样，对于设定的概率模型，**把后验分布设为与先验分布相同的分布，这样的先验分布称为"共轭先验分布"**。也就是说，生的是女孩或是男孩，这一概率模型的共轭先验分布，即为贝塔分布。

在贝叶斯推理中存在一个惯例：**把想需要推理的概率模型的共轭先验分布作为先验分布来运用**。原因有二：

原因 1：若把先验分布和后验分布设为相同，那么计算就会变得简单很多。

原因 2：若先验分布和后验分布不同，那么从哲学角度来思考的话，会觉得很奇怪。

可以说，以上两种观点的出发点是截然不同的。前者从功能角度出发，而后者是从哲学角度出发的。不过，任何一种（或是两者）都能够帮助我们认同运用共轭先验分布的思维方式吧。

第19讲·小结

1. 对于"当某对夫妇生的第一胎为女孩时，第二胎依然为女孩的概率 x"进行推算时，把类别设定为 $0 \leq x \leq 1$。

2. 若把类别 x 的先验分布设定为均匀分布，那么后验分布为贝塔分布。

3. 各种可能性的划分，用 p（类别 x）× x 和 p（类别 x）×（1−x）进行计算。

4. 对于"类别"本身（而不是类别 x 的概率分布）进行推理时，使用贝塔分布的期待值。

5. 共轭先验分布，是为了把先验分布和后验分布统一为同样分布的先验分布。

6. "生的是女孩还是男孩"这一推理的共轭先验分布为贝塔分布。

练习题

进行一项实验,验证某种药对于某种病症是否有疗效(临床实验)。现在,把药分给 10 个患者,实验结果为:对于其中 4 人有效果,6 人没有效果。那么此时,根据贝塔分布,用贝叶斯推理对这种药的效果概率进行评价。在下面的(　　)中填入合适的答案。

把先验分布设为均匀分布,即设为:

y=(　　)

此时,在"有效果"的概率密度 x 的基础上,按照特定的顺序,根据 4 人有效果、6 人没有效果这养的结果概率,可以从 4 个 x 和 6 个($1-x$)的乘法运算中得出:

y=$x^{(\ \ )}$($1-x$)$^{(\ \ )}$

因此,根据标准化条件,后验概率的概率分布是可以用合适的常数表示为:

y=(常数)$x^{(\ \ )}$($1-x$)$^{(\ \ )}$

即为 α =(　　)、β =(　　)的贝塔分布。计算该贝塔分布的平均值,为:

$$\text{药有效果的概率} = \frac{(\quad)}{(\quad) + (\quad)} = (\quad) = (\quad)$$

第20讲

在抛硬币或天体观测时观察到的"正态分布"

20-1 统计学的主角——"正态分布"

在统计学中,最常用的是被称为"正态分布"的连续型概率分布。在标准统计学(内曼-皮尔逊统计学)中如此,在贝叶斯统计学中亦是如此。

正态分布之所以应用如此广泛的原因,主要有两个:

第一,**正态分布有着十分便利的数学操作性**,这一点在后面将会涉及。第二,正态分布是一种**在自然界和社会中频繁出现的概率分布**。本节将对第二点进行简要说明。

最初发现正态分布的实验是这样的:**投掷 N 枚硬币时,把出现正面的 x 枚硬币的概率**记为 $p(x)$,当 N 足够大的时候,$p(x)$ 的分布图会呈现出特殊的形状(吊钟型)。亚伯拉罕-棣莫弗和拉普拉斯等数学家发现了该图表中对应的函数,即图表 20-1 的公式。

此后,数学家高斯在担任天文台主任时,通过分析天体观测时的误差所呈现出来的概率分布,也推导出了同样的分布图。

图表 20-1 标准正态分布

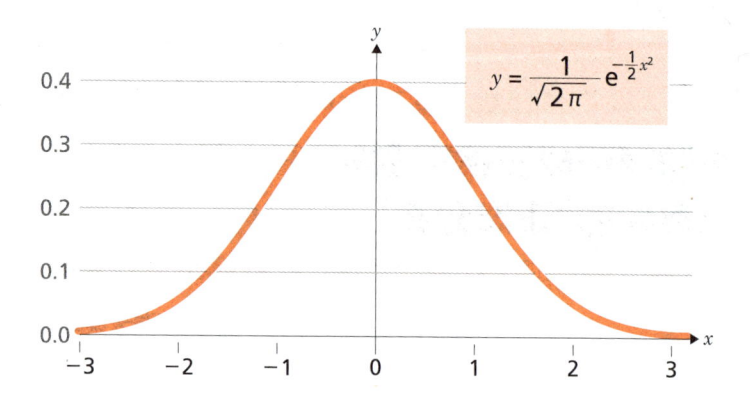

$$y = \frac{1}{\sqrt{2\pi}} e^{-\frac{1}{2}x^2}$$

在高斯的研究之后，随着概率理论和统计学的进步，人们发现，在很多场合都能够观察到这样的正态分布。例如，通过观察包括人类在内的各种各样的生物种群，可以发现了同一种群的体长遵循正态分布的规律。此外，在体内的构成物（血液等）的分布，也呈正态分布趋势；在收到电波时出现的噪音中，也观察到了正态分布的现象。而最近的股票收益率也呈正态分布，这是个强有力的证明。总之，正态分布出现在我们身边的很多现象中。

20-2　呈现吊钟型的正态分布

正态分布是指，分布图呈现特殊形状的一类分布。为了让大家了解具体的形状，首先，我们来看被称为"标准正态分布"代表性图表——**图表 20-1**。横轴 x 表示类别的数值，纵轴 y 表示的是出现的概率密度，该图表具有如下特征：

- 以 y 轴（$x=0$）为轴，左右对称。
- 图像呈为吊钟型（铃型），最高点在 $x=0$ 的位置。
- 无论 x 取何值，y 也不会等于 0（图表向左右两侧无限延伸）。
- 在 $x \geq 2$ 的部分，图像急剧下降；同样，在 $x \leq -2$ 的部分，图像也急剧下降。

图表 20-2 标准正态分布的概率

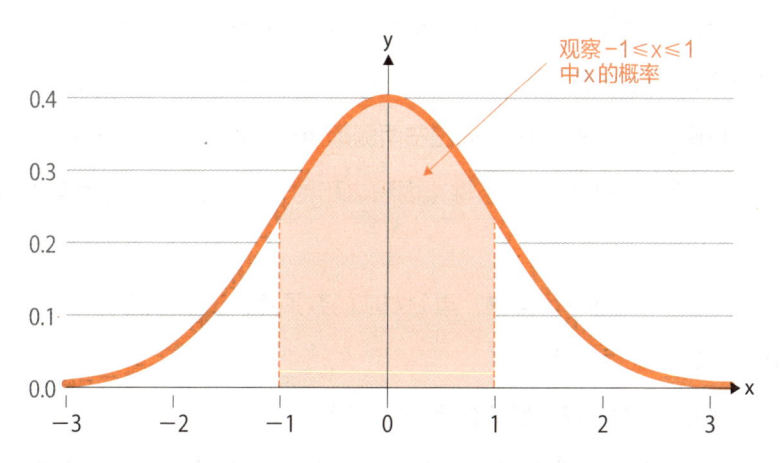

涂有颜色部分的面积约为 0.6826。这是概率 $p(-1 \leq x \leq 1)$。

图表 20-1 右上方横向写的，是表示概率密度的函数的公式，公式本身非常复杂，估计大多数读者看了会眼花吧。系数的分母是以圆周率 π 的平方根的形式出现的，不过，这并不重要（只是为了满足标准化条件），而重要的是：无理数 e（纳皮尔常数）的取幂，以及二次函数的指数部分为负的系数。这正是图像呈之前所述的形状和特征的原因所在。但后面的内容中不会再出现这个函数，因此简单了解即可，即使后面忘记了也没关系。

这个一是连续型的概率分布。由于高度 y 表示的并非概率，而是概率密度，因此，"有宽度的部分的面积才是概率"这一点，与贝塔分布是一样的。例如，在满足 $-1 \leq x \leq 1$ 时观察到 x 的概率，表示为**图表 20-2** 中涂有颜色部分的面积，其概率约为 0.6826。

20-3 正态分布由"μ"和"σ"决定

一般的正态分布，可以从标准正态分布中轻而易举地获得，只要把图表按照以下步骤进行变形即可。

步骤 1：以 y 轴为中心，向左右两侧延伸 σ 倍（σ 希腊字母，读作"西格马"）。为了满足标准化条件（面积之和为 1），各部分的高度需为 σ 分之 1。

步骤 2：横向平行移动，直到对应函数顶点的 x 坐标为 μ（希腊字母，读作"缪"）为止。

现在，针对 μ 和 σ 的作用进行说明。

μ 是概率分布的平均值。换言之，即为"挑担人偶的平衡支点"。由于其左右对称的，因此位于函数图像的顶点位置。而 σ 是被称为**标准偏差**的指标，表示分布中的**"分散""扩大"**的程度。

接下来，用形象的方式来说明"分散""扩大"的概念。由于平均值 μ 位于概率分布图顶点的位置，因此，最容易观察到数值。因而，如果被问到"你能预言可以观察到什么吗"的时候，回答"我可以预言在'μ 附近'"，是比较稳妥的。但是，若说这个预言的准确度如何，则要依存于"分散""扩大"的程度。如果是分布的状态为山顶高、山脚低，那么由于 μ 附近的数值容易被观察到，则预言的准确度相对较高。但如果分布的状态为山顶低、山脚高，那么反而会观察到，远离 μ 的数值出现的频率高。因此，偏离预言的可能性就会增高，导致准确度降低。

也就是说，**我们可以想象为，标准偏差 σ 表示的是"从观察值的平均值中，误差/偏差的程度"的指标**。本书后面不对标准偏差进行更深入的探讨，如果想了解更多内容，可以参考相关书目《完全自学 统计学入门》（详见参考文献⑨）。

那么，**只要确定 μ 和 σ，就能决定一个一般的正态分布**。尤其是标准正态分布，它对应 μ=0、σ=1。

用 σ=2、μ=3 来举例说明上述内容，则如**图表 20-3** 所示。

图表 20-3　一般的正态分布

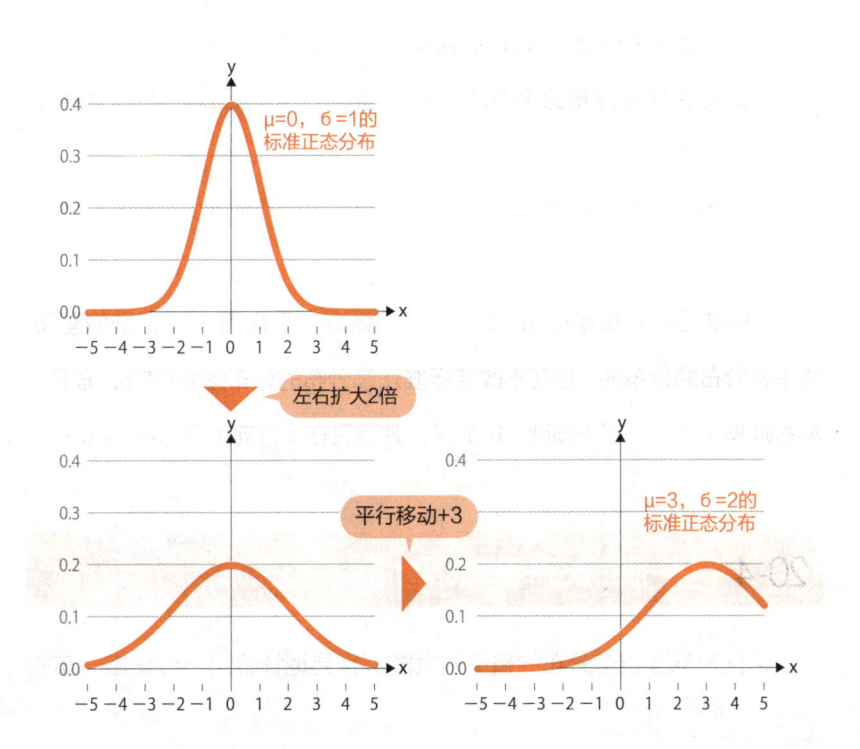

μ=0，σ=1的标准正态分布

左右扩大2倍

平行移动+3

μ=3，σ=2的标准正态分布

上方部分为标准正态分布的分布图，顶点在 $x=0$ 的位置，扩大宽度为1。下方左侧的图像为，将该标准正态分布向左右两侧扩大2倍之后得到的图像。此时，函数图像的倾斜度稍微平缓了一些。为了保证总面积为1，其对应的 x 位置的高度同样需要变为1/2。通过这个操作，可以得出标准偏差 σ=2 的正态分布（平均值 μ 保持为 0 不变）。下方右侧的图为，将该图像向右平行移动 +3 后得到的图像。那么顶点自然变为了 $x=3$ 所对应的位置。通过这个操作，可以得出平均值 μ=3 的正态分布。按照这样的方式，可以得到 μ=3、σ=2 的正态分布的概率分布图。

综上，可以得出以下结论：

一般正态分布的性质

· **只要赋予平均值 μ 和标准偏差 σ，就能确定一个正态分布。**

· **μ 的含义为分布的平均值。** 表示为图表的顶点位置，因此也是挑担人偶的平衡支点。

· **σ 表示分布的标准偏差。** 即表示图表左右扩大多少，其含义是分布的"扩大""分布"。

· 标准正态分布是指 μ=0、μ=1 的情况。**平均值 μ、标准偏差 σ 的正态分布的分布图，是在不改变标准正态分布的分布图面积的情况下，左右延长 σ 倍，y 方向延长 1/σ 倍，并且只在 x 方向上平行移动 μ。**

20-4　将一般正态分布概率转换为标准正态分布形式

若已知标准正态分布的概率，就能很容易地计算出一般正态分布的概率。

下面我们来进行实际操作：例如，在 μ=3、б=2 的正态分布中，计算在 $1 \leq x \leq 5$ 的范围中观察到 x 的概率。

正如刚才的解说，标准正态分布（μ=0、б=1 的正态分布）的图像，是左右扩大 2 倍，同时横向平行移动 +3 后得到的。因此，如果把它调转过来，即横向平行移动 −3，同时左右缩小 1/2，就能恢复到标准正态分布的状态。

也就是说，把变量 x 变形为 $z=(x-3)/2$，变量 z 就会成为遵循标准正态分布的变量。于是可以得到：

$1 \leq x \leq 5$

→ $1-3 \leq x-3 \leq 5-3$

→ $-2 \leq x-3 \leq 2$

→ $-2/2 \leq (x-3)/2 \leq 2/2$

从这个变形中，又可以得到：

$-1 \leq \frac{x-3}{2} \leq 1$。即：$-1 \leq z \leq 1$

用概率的符号进行表示，则为：

$P(1 \leq x \leq 5) = p(-1 \leq \frac{x-3}{2} \leq 1) = p(-1 \leq z \leq 1)$

因此，**在 μ=3、б=2 的正态分布中，计算在 $1 \leq x \leq 5$ 的范围中观察到 x 的概率，与在标准正态分布中观察满足 $-1 \leq z \leq 1$ 的 z 的概率是相同的**。换言之，这个概率，与 20-2 中所出的结果是一样的，即约为 0.6826。

$p(1 \leq x \leq 5) \approx 0.6826$

20-5 正态分布的多个观测值的平均值为正态分布

正态分布具有以下神奇的性质:

正态分布观测结果的平均值具有何种性质

根据平均值 μ、标准偏差 σ 的正态分布观测到 n 个数值,取平均值记为 $\bar{x}$,即

$\bar{x}$ =(n 个的观测值的和)÷n

此时的 $\bar{x}$ 也遵循正态分布,它的平均值和标准偏差分别为:

平均值 μ、标准偏差 $\frac{σ}{\sqrt{n}}$。

对于"**即使将正态分布进行平均化,结果也依然是正态分布**"这样神奇的性质,大家一定会感到惊讶吧。这就是 20-1 中提到的"便利的数学操作性"。此外,其神奇之处在于,平均值与之前相同,而标准偏差是除以观察次数的平方根而得出的数值。下面,我们通过以下练习实际感受一下。

问题

把日本的成年女性的身高作为正态分布,其平均值为 160cm,标准偏差约为 5cm。现在,随机从日本的成年女性中抽取 25 人,多次计算她们身高的平均值。此时的结果,$\bar{x}$ 遵循怎样的概率分布呢?

答案

$\bar{x}$ 遵循正态分布。其平均值和标准偏差为:

平均值 ≈ 160cm

标准偏差 ≈ $5 \div \sqrt{25}$ ≈ 1cm

1. 正态分布这种概率分布，在自然和社会中经常能观察到。
2. 只要确定了平均值 μ 和标准偏差 σ，就能确定一个正态分布。
3. 平均值 μ 表示图像的顶点位置，标准偏差 σ 表示图像的扩大程度。
4. 标准正态分布是所有正态分布的基础，即 μ=0、σ=1。
5. 把平均值 μ、标准偏差 σ 的正态分布中概率分布的变量 x 转换为变量 $z=\dfrac{x-\mu}{\sigma}$，那么变量 z 就成为标准正态分布中概率分布的变量。
6. 对于根据平均值 μ、标准偏差 σ 的正态分布观测到的数值，进行 n 次观测。若把其平均值记为 $\overline{x}$，那么遵循平均值为 μ、标准偏差为 $\dfrac{\sigma}{\sqrt{n}}$ 的正态分布。

> **练习题**

（1）假设 z 为根据标准正态分布而被观测到的数值。此时，z 在 $-1 \leq z \leq 1$ 的范围中的概率 $p(-1 \leq z \leq 1)$ 为 0.6826，计算当 z 在 $0 \leq z \leq 1$ 的范围内时，

$p(0 \leq z \leq 1) = p(-1 \leq z \leq 1) \div ($　　$) = ($　　$)$

（2）假设 x 为根据 $\mu=5$、$\sigma=3$ 的正态分布而被观测到的数值。此时，计算 x 在 $5 \leq x \leq 8$ 的范围内时，概率 $p(5 \leq x \leq 8)$，则：

$p(5 \leq x \leq 8) = p\dfrac{5-(\quad)}{(\quad)} \leq \dfrac{x-(\quad)}{(\quad)} \leq \dfrac{8-(\quad)}{(\quad)}$

$= p(($　　$) \leq z \leq ($　　$))$

根据上述结果，并使用（1）中的答案，可以求出（　　）

（3）根据 $\mu=5$、$\sigma=3$ 的正态分布，对被观测到的数值进行 16 次观察，假设其 16 个的数值的平均值为 $\overline{x}$。此时，$\overline{x}$ 遵循平均值（　　）、标准偏差（　　）的正态分布。

第21讲

在"正态分布"中使用概率分布图进行高级推理

21-1 把正态分布设定为先验分布,并进行推理

作为本书的最后一项推理,我们来共同研究**使用正态分布的贝叶斯推理**。

把正态分布设定为先验分布的情形,一般认为有以下内容:

· 使用的概率模型,通过正态分布所赋予。

· 设定的类别出现在特定类别附近的可能性很高,而基本不会出现于远离它的类别。

前者的原因在于,这是基于想要把先验分布和模型的概率分布作为同一类别的构想下形成的,这样的先验分布称为"共轭先验分布"。把前者的说法用专业用语来表达,即"正态分布是共轭先验分布"。

后者的原因在于,**意味着作为"事前的先入之见"的"可能的类别"集中在某一处**。例如,在"日本人的成年女性的身高"作为类别而设定的概率模型中,如果把100cm到200cm的可能性设定为对等,似乎不大合适。由于日本人的成年女性的身高大概在160cm左右,因此有"在

160cm 附近的可能性很大，而 180cm 或 140cm 等的可能性很低"这种先入为主的想法是很自然的。因此，设定身高的类别的先验分布，在 160cm 附近是相对比较集中的，而远离这一身高的，则相对分散。此时，可以说在正态分布的条件下进行设定是比较合适的。

21-2 用不准确的温度计推算洗澡水的温度

在贝叶斯推理中，通过各个类别的事前概率和各个类别中获得信息只有，必须要计算"~ & ~"这种形式的偶发事件的概率，这在之前已经操作过多次。用之前的例子进行说明，如第 2 讲中，从类别"癌症""健康"和获得的信息"阳性""阴性"中，计算"癌症 & 阳性"、"健康 & 阴性"等事件的概率；第 3 讲中，从类别"真命天子""无关路人"和获得的信息"送出巧克力""不送巧克力"中，计算"真命天子 & 不送""无关路人 & 送出"等事件的概率。

若把正态分布设为共轭先验分布，也需要进行同样的操作。结论如下："~ & ~"这种形式的事件的概率分布，也是上一讲中所解说的正态分布（为比例的分布）。第 19 讲中，在考虑"生女孩的概率"时，若把先验分布设为贝塔分布，虽然"（类别 p）& 女孩"的分布也是贝塔分布（为比例的分布），但也会出现同样的情况。由于共轭先验分布原本就是这个含义，因此自然会得出这样的结论。但正态分布的情况和贝塔分布不一样，若对这个部分进行普遍说明，将会难以理解。这是由于正态分布的公式本身就比较复杂。

那么，本讲采用"曲线救国"的方式：第一，在进行一般论述之前，一边具体解说贝叶斯推理的流程,一边解说"~ & ~"的概率密度公式;第二,省略解说"~ & ~"的概率密度公式为何会变成这样的原因。接下来,进入解说环节,概率模型如下:

用不准确的温度计测量热水的温度

要把洗澡水加热到适宜的温度 42℃。当认为已经烧开的时候,便用温度计测量了水温。但由于所使用的温度计不够准确,因此设定测量的温度 x,遵循以实际温度 θ 为平均值、标准偏差为 2℃ 的正态分布的概率分布。现在,温度计显示的温度为 40℃。那么,实际的水温为多少度呢?

按照通过正态分布、用贝叶斯推理解答问题的流程,我们采用以往的步骤划分法来解决这个问题吧。

21-3　根据正态分布进行贝叶斯推理的步骤

步骤1:用正态分布设定先验分布

我们要推算的是实际的水温 θ。虽然现在已知,观测结果(信息)为 40℃,但贝叶斯推理的风格是:在此之前的类别的先验分布中,对于"θ 是以怎样的形式分布的"这一问题进行设定。这个问题设定类别的先验分布时,出现了与以往不同的情况:实际的水温 θ 有各种类别(温度),而这些不同的类别(温度)之间存在"可能"或"不可能"的差异。在这种情况下,运用正态分布进行设定则较为合理的(共轭先验分布)——由于希望加热到的合适温度为 42℃,因此,把平均值设定为 42℃ 这样一种正态分布。而由于标准偏差无论如何设定都是有可能的，那么就暂且设定为 3℃ 吧。总的来说，就是进行以下设定：

先验分布的设定：类别 θ 遵循平均值为 42、标准偏差为 3 的正态分布。

步骤 2：在类别 θ 的基础上，求出测量 40℃ 这一温度得到的概率密度的函数

贝叶斯推理的下一个步骤，是在确定类别之后，计算从这个类别中所获得特定的信息的概率密度。以癌症检查的例子进行说明，则为"患癌症"的人的检查结果呈"阳性"的事件，即"癌症＆阳性"的概率。把其他几种情况都列举出来，则为：计算"癌症＆阴性"、"健康＆阳性"、"健康＆阴性"这 4 种可能性出现的概率。这些都是按照"类别＆信息"的形式组合而成的。

在烧水的问题中，"类别＆信息"，则是以"（**实际的水温 θ**）＆（**测量的温度 x**）"这种形式出现的。但在该组合中出现了两个难题：第一，与癌症检查中出现 4 种可能性不同，该情况下，存在无限种可能的组合形式。因此，不能通过图表来进行举例说明（而第 19 讲中的贝塔分布的情况，由于信息只有"女孩""男孩"2 种情况，因此勉强能够用完整的图表来举例）。第二，"类别＆信息"的概率，虽然是通过"条件概率的公式"（见 15-3）计算得来的，但这种情况下的计算太过复杂，对于不是那么精通数学的人来说很难理解。

因此，本讲中按照以下方式进行处理：

· 在基本事件"（实际的水温 θ）＆（测量的温度 x）"中，只用图表列出"θ＆40"的概率分布。（由于在此之外还存在"θ＆38"或"θ＆40"等无限的可能性，因此不对其一一进行图表列式）。

· 若把基本事件"θ＆40"的分布调整为满足标准化条件的形式，

则为正态分布。此外，关于如何计算它的平均值和标准偏差的问题，此处只给出结论。

以上述方针为前提，下面我们继续来进行解说。

图表 21-1 采用正态分布的贝叶斯推理

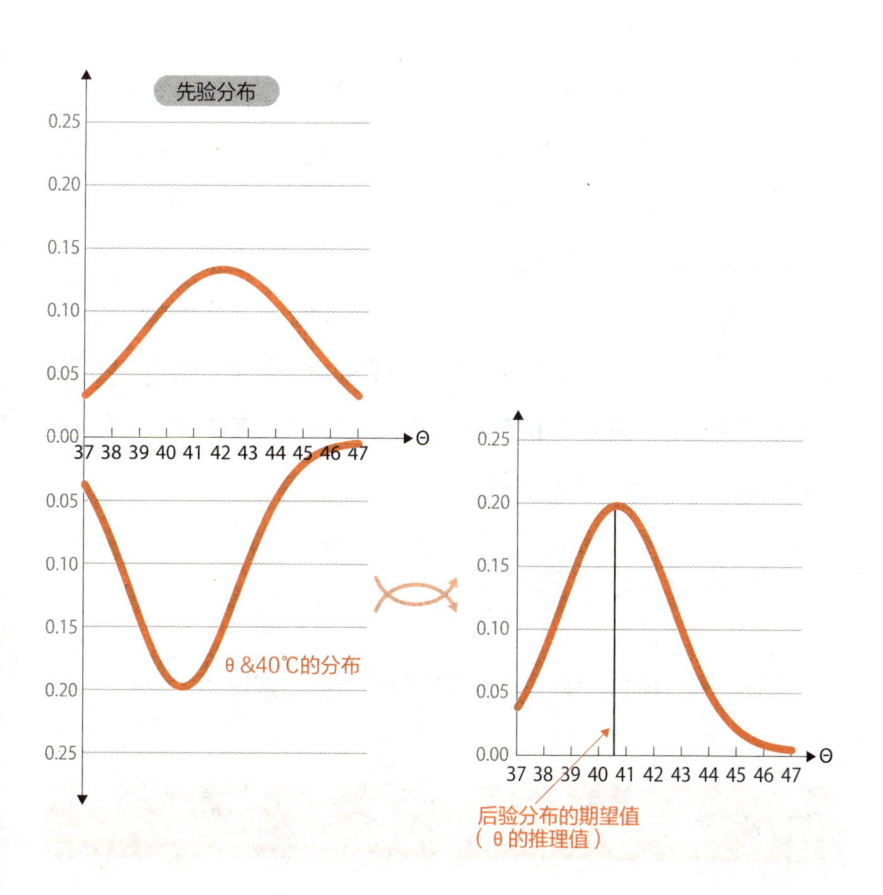

先验分布

θ&40℃的分布

后验分布的期望值
（θ的推理值）

第21讲 在「正态分布」中使用概率分布图进行高级推理

在**图表 21-1** 中，上方部分的开口朝上的图表为 θ 的先验分布。正如设定的那样，为平均值 42、标准偏差 3 的正态分布。

而下部分的开口朝下的图为，表示类别为 θ（当实际水温为 θ）时，测量出的结果为 40℃ 的概率密度的图表。换言之，即根据测量出来的温度，从划分的情况（测量结果为 37℃ 或 45℃ 等所有情况）中，只抽取 40℃ 这一测量结果而形成图表。

步骤 3：求出后验分布，并计算其分布的期待值

在图表 21-1 中，由于针对各个 θ，只画出了在其基础上表示观测到 40℃ 的概率密度的部分，因此，并不满足标准化条件，这与以往所有的贝叶斯推理是一样的。若将其调整为满足标准化条件的比例关系，则可以得出以下结论：

后验分布 将基本事件"θ&40"调整为满足标准化条件的比例关系，那么可以得到"在获得 40℃ 这一信息之后，各 θ 的后验概率"。该后验分布即为，**关于 θ 的正态分布**。而该正态分布的平均值（分布的期待值），可以通过以下计算得出。

$$\theta \text{ 的后验分布的期待值} = \frac{\frac{1}{3^2} \times 42 + \frac{1}{2^2} \times 40}{\frac{1}{3^2} + \frac{1}{2^2}} \approx 40.6$$

上述计算过程的具体含义，将在下下节中进行解说。

21-4　后验分布的含义

在说明计算方法之前，首先解释一下贝叶斯更新的概念：我们认为，洗澡用的热水水温，遵循事前为平均值 42℃、标准偏差为 3 的正

态分布。因此，若用1个数值来代表的话，则估计期待值（=平均值）为42℃。但是，由于用不准确的温度计测量出的水温为40℃，那么根据这条信息，就可以得出关于 θ 的后验分布，表示为图表21-1右侧的正态分布。这一概率分布的期待值在顶点位置（挑担人偶的支点），也就是正态分布的平均值，为40.6℃。以上为获得信息之后，对于水温的推理值。

上述贝叶斯推理过程，可以通过**图表21-2**来理解。

图表21-2　通过温度计的测量结果，对信息进行修改

| 事前的观点 θ=42℃ | → | 信息（测量结果） x=40℃ | → | 事后的修改值 θ=40.6℃ |

换言之，虽然最初的观点（预想）为42℃，但之后，以通过温度计得到的测量结果40℃为参考，进行了修改。虽然修改后的值，比起最初的42℃更接近40℃，但绝非40℃。之所以会出现这样的结果，是因为温度计的测量存在误差/偏差（标准偏差），所以这一部分的结果是不可信的。因此，我们并没有修改测量值为40℃，而是保留了40.6℃的结果。

这一结果，比起42℃和40℃的中间值41℃，更接近40℃，那么为何要修改为这一数值呢？原因在于，表示先验分布的误差/偏差的标准偏差为3，但温度计显示的测量的误差/偏差的标准偏差为2，后者的误差相对较小。这意味着，根据**误差/偏差相对较小的温度计得出的结果，对于先验分布的推算影响较大**，想来这也是自然的。

21-5　根据正态分布进行贝叶斯推理的公式

接下来，对于上上节中进行的、将正态分布作为共轭先验分布而进行的推理计算进行说明。

根据正态分布进行贝叶斯推理的公式

将需要推理的 θ 的先验分布设定为平均值 μ_0、标准偏差 σ_0 的正态分布；将观察的信息 x 设为遵循平均 θ、标准偏差 σ 的正态分布。至于 μ_0、σ_0、σ，则设为具体已知的数值。换言之，设定关于信息 x 的附带条件概率密度 $p(x|\theta)$ **为平均值 θ、标准偏差 σ 的正态分布。**

（ⅰ）只观察 1 次信息时的公式：

把观测到的值设为 x，则：

（观测到 x 之后，θ **的后验分布**）$p(\theta|x)$ 为关于 θ 的正态分布。

正态分布 $p(\theta|x)$ 的平均值（期待值）为，$\dfrac{\frac{1}{\sigma_0^2} \times \mu_0 + \frac{1}{\sigma^2} \times x}{\frac{1}{\sigma_0^2} + \frac{1}{\sigma^2}}$

（ⅱ）观察 n 次信息时的公式：

若把观测到的 n 个数值的平均值（为（观察值的合计）÷n）记为 $\overline{x}$，

则（观测到 $\overline{x}$ 之后，θ 的后验分布）$p(\theta|)$ 为关于 θ 的正态分布。

正态分布 $p(\theta|\overline{x})$ 的平均值（期待值）为，$\dfrac{\frac{1}{\sigma_0^2} \times \mu_0 + \frac{n}{\sigma^2} \times \overline{x}}{\frac{1}{\sigma_0^2} + \frac{n}{\sigma^2}}$

以下，用略显烦琐的文字来进行解说：

首先，**标准偏差的 2 次方是被称为"方差"的量。方差，也是标准**

统计学中重要的统计量之一。

在正态分布中，后验分布的平均值按照以下方法进行计算：

观测值只有 1 个的情况下，按照以下公式计算：

（先验分布的平均值）÷（先验分布的方差）+（观测值）÷（信息 x 的方差）

之后，用下面的式子相除：

（先验分布的方差的倒数）+（信息 x 的方差的倒数）

此处，若重现 21-3 中的计算，则为：

（先验分布的平均值）÷（先验分布的方差）$=42 \div 3^2 = \frac{1}{3^2} \times 42$

（观测值）÷（信息 x 的方差）$=40 \div 2^2 = \frac{1}{2^2} \times 40$

（先验分布的方差）的倒数 $= \frac{1}{3^2}$

（信息 x 的方差）的倒数 $= \frac{1}{2^2}$

在该计算中，由于用方差大的数进行除法运算之后，结果反而变小，所以我们得知：**方差小的数值对于修正值的影响更大。**

在有多个（n 个）观测值的情况下，只要将当前计算的"观测值的方差"之处进行 n 倍计算即可。在正态分布中，（ⅱ）的公式在观测 n 次之后的平均 $\overline{x}$ 的平均标准偏差为：

（原来的标准偏差）÷ $\sqrt{n}$（见 20-5）

那么，n 次观察后的 $\overline{x}$ 平均方差，则为上述结果的 2 次方，即：

（原来的方差）÷ n

21-6 测量两次水温之后的贝叶斯推理

最后我们来研究，如果测量两次水温的话，烧水的问题该如何推理呢。运用上一节的公式（ⅱ），并将 21-2 中的问题进行如下变更：

用不准确的温度计测量两次热水的温度

要把洗澡水加热到适宜的温度 42℃。当认为已经烧开的时候，便用温度计测量了水温。但由于所使用的温度计不够准确，因此设定测量的温度 x，遵循以实际温度 θ 为平均值、标准偏差为 2℃ 的正态分布的概率分布。现在，温度计显示的温度为：第一次为 40℃，第二次为 41℃。那么，实际的水温为多少度呢？

那么，这两次测量值的平均值为：

$\overline{x}$ =（40+41）/2=40.5

因此，运用上一节中的公式（ⅱ），（注意 n=2），通过以下方法计算正态分布 p（θ|=40.5）的平均值（期待值），为：

$$\frac{\frac{1}{\sigma_0^2} \times \mu_0 + \frac{2}{\sigma^2} \times \overline{x}}{\frac{1}{\sigma_0^2} + \frac{2}{\sigma^2}} = \frac{\frac{1}{9} \times 42 + \frac{2}{4} \times 40.5}{\frac{1}{9} + \frac{2}{4}} \approx 40.77$$

这以结果反映了两次测量结果的修正值。

至此，关于使用正态分布的贝叶斯推理的讲解正式结束。各位读者朋友们也不知不觉地学会了这一复杂而普遍使用的贝叶斯推理方法。这是贝叶斯推理这座山脉的山顶之一。不知不觉地，大家已经爬到了山顶。

从山顶俯瞰到的景色如何呢？

第21讲・小结

1. 在类别为 θ、信息为 x 的贝叶斯推理中，若信息 x 的概率分布 p($x|θ$) 为将 θ 设为平均值时的正态分布的情况，那么，将 θ 的共轭先验分布设定为正态分布。

2. 上述 1 的情况下，后验分布 p($θ|x$) 也为正态分布。

3. 把 θ 的先验分布设定为平均值 $μ_0$、标准偏差 $σ_0$ 的正态分布，观测的信息 x 遵循平均值 θ、标准偏差 σ 的正态分布。但 $μ_0$、$σ_0$、σ 均为具体的已知数值。此时，在观察到的数值为 x 情况下，θ 的后验分布为正态分布，其平均值为：

$$\frac{\frac{1}{σ_0^2} \times μ_0 + \frac{1}{σ^2} \times x}{\frac{1}{σ_0^2} + \frac{1}{σ^2}}$$

4. 在多次观测的情况下，若把观测到的 n 个数值的平均值（观测值的合计值 ÷ n）记为 $\overline{x}$，那么在观测到数值 $\overline{x}$ 的情况下，θ 的后验分布为正态分布，其平均值为：

$$\frac{\frac{1}{σ_0^2} \times μ_0 + \frac{n}{σ^2} \times \overline{x}}{\frac{1}{σ_0^2} + \frac{n}{σ^2}}$$

第21讲 在「正态分布」中使用概率分布图进行高级推理

> **练习题**

日本男性 A 在测量时,由于处于紧张状态,血压测量的结果会出现:有时比实际血压高,有时又比实际血压低的情况。该结果的分布遵循:把实际的血压 μ 作为平均、标准偏差 10 的正态分布。把遵循正态分布的、与 A 同龄的日本男性的最高血压设为先验分布,即设定平均值 130、标准偏差 20 的正态分布。

(1)若只测量 1 次,结果为 140。那么此时,A 的实际血压的后验分布的平均值为:

$$\frac{\frac{1}{(\quad)^2}\times(\quad)+\frac{1}{(\quad)^2}\times(\quad)}{\frac{1}{(\quad)^2}+\frac{1}{(\quad)^2}}=(\quad)$$

(2)测量 2 次,平均值为 140。那么此时,A 的实际血压的后验分布的平均值为:

$$\frac{\frac{1}{(\quad)^2}\times(\quad)+\frac{2}{(\quad)^2}\times(\quad)}{\frac{1}{(\quad)^2}+\frac{2}{(\quad)^2}}=(\quad)$$

> **补讲** ▶ **贝塔分布的积分计算**

在补讲中,对于第 17 讲中所解说的贝塔分布稍作详细说明,这里需要以具备高中三年级程度的数学知识为前提。

贝塔分布具有如下概率分布的特点:

$f(x) = (常数) \times x^{\alpha-1}(1-x)^{\beta-1}$

在设定公式中的(常数)数值时,需要使其满足标准化条件。换言之,需要使满足条件 $0 \leq x \leq 1$ 的所有 x 的概率密度 $f(x)$ 相加之和等于 1。之后,再使用积分方法,用以下公式来表达:

$1 = (常数) \int_0^1 x^{\alpha-1}(1-x)^{\beta-1} dx$

当 $\beta = 1$ 时,通过

$\int_0^1 x^{\alpha-1} dx = \left[\frac{1}{\alpha} x^{\alpha}\right]_0^1 = \frac{1}{\alpha}$ ……(1)

可以确定(常数)$= \alpha$。同理,当 $\alpha = 1$ 时,通过

$$\int_0^1 (x-1)^{\beta-1}dx = [-\frac{1}{\beta}(1-x)^\beta]\Big|_0^1 = \frac{1}{\beta} \quad \cdots\cdots (2)$$

也可以确定（常数）= β。**一般情况下**，β ≥ 2，此时，使用部分积分法可以将公式变形为：

$$\int_0^1 x^{\alpha-1}(1-x)^{\beta-1}dx = [\frac{1}{\alpha}x^\alpha(1-x)^{\beta-1}]\Big|_0^1$$

$$+\int_0^1 \frac{1}{\alpha}x^\alpha(\beta-1)(1-x)^{\beta-2}dx$$

$$=\frac{\beta-1}{\alpha}\int_0^1 x^\alpha(1-x)^{\beta-2}dx \quad \cdots\cdots (3)$$

如果把$(1-x)$的指数按照顺序逐渐降下来，最终会回归到公式（1）。此外，由于贝塔分布的期待值可以表示为：

$$期待值 = \int_0^1 xf(x)dx = （常数）\times \int_0^1 x^\alpha(1-x)^{\beta-1}dx$$

因此，该公式也可以回归上述的公式（3）。

结语

贝叶斯统计——21 世纪最振奋人心的科学

笔者目前正在研究"贝叶斯推理的决策理论"领域的相关问题。"贝叶斯推理"在日语中被称为"贝叶斯流派",是指以主观概率为中心,尝试对人类行为进行说明的学术流派。在此基础上,笔者撰写关于贝叶斯统计的作品,目的是希望将自己的研究领域介绍给更多的人。

笔者最开始的研究领域并不是贝叶斯统计学。大学阶段的专业只涉及单纯的数学学习,与概率、统计毫无关系。踏入社会之后,开始对经济学产生了兴趣,并在 35 岁以后考入东大经济学部攻读研究生。当时,笔者意欲研究的是凯恩斯经济学。在读研究生期间,偶然遇到以前在补习班教过的中学生,现在考入了同一个研究学科,成了同学。他问我:"老师为什么来了经济学科呢?",我回答:"因为我想学习宏观经济中凯恩斯式的'期待'的思考方式。"学生又问:"是不是类似贝叶斯的那种呢?"这是笔者是第一次听说"贝叶斯"一词,并留了意。后来看了教学大纲,发现统计学者松原望老师有一门关于贝叶斯统计的课程,于是便抱着接触看看的心态选择了这门课。那时完全没想到,这竟然使自己之后的道路发生了重大的改变。

跟松原老师学习的一年间,基本是一对一的教学,这种形式是相当难得的。当时选用的教科书是《贝叶斯统计入门》,教材内容极其连贯统一,这也让笔者认识到了贝叶斯统计的有趣所在。

在东大的统计学课堂里,除了松原老师以外,还有几位其他的统计学者。笔者对贝叶斯统计产生兴趣之后，在久保川达也老师的课堂上，正式开始从真正意义上学习贝叶斯统计，教材为参考文献中的第④条书目。但即便是这个阶段，笔者也并没有考虑要把贝叶斯推理作为自己的专业研究领域。

进入博士阶段之后，需要确定博士论文的题目。当时，笔者参加了松井彰彦老师关于博弈论的研讨会。在会上，大家轮流朗读关于博弈论基础——决策理论的参考文献。在这个过程中，笔者对贝叶斯推理的理论逐渐开始真正地感兴趣。决定经济社会状态的，最终将会是"人类对于未知的将来的思考方式"。而如果用数理方法来解析"人类推理"的话，只能依靠决策理论来完成。于是笔者最终将贝叶斯推理的决策理论作为博士论文题目。回想一下，命运真是奇妙啊。

本书中多次讲到，从传统的科学角度看，运用了主观概率的贝叶斯推理某种程度上是"不靠谱的"。从积极的态度来说，贝叶斯推理是思想性、哲学性的，这也正是"主观"的内容处在数理科学中的地位。然而，从"观察到的结果"来追溯"引起该结果的原因"，就需要某种"逻辑上的飞跃"。这里重要的是，这个"逻辑上的飞跃"是否具备自始至终的方法论和明确性，以及作为一项技术，是否具备实践的有效性。而贝叶斯推理具备了这两个方面的优势，从而推翻了"不靠谱"的怀疑，因而有着独特的魅力。贝叶斯推理正是由于它的思想性，才拥有生命力。

20世纪，客观概率（频率论概率）奠定了物理学作为物质科学基础的地位。此后的21世纪，主观概率和贝叶斯推理的相关理论，奠定了经济学作为人类科学基础的地位，这无疑是最振奋人心的领域。本书希望能够为此做出贡献。

上一本作品《完全自学 统计学入门》出版发行之后，笔者与钻石出版社的和田史子女士共同制定了出版下一本书的计划。在笔者列出的几个设想中，和田女士选择了贝叶斯统计这一题材。如今回顾贝叶斯统计的出版发行热潮，笔者不禁深深佩服和田女士的慧眼。但是本书的出版发行所花费的时间之长，实在是意料之外。其原因在于：笔者对于贝叶斯推理中"逻辑飞跃"的思考结果还没有最终确定；还有怎样列举应用事例，以及怎样用图表解释使用贝塔分布和正态分布的贝叶斯推理等问题，都尚未总结完毕。在此，对于耐心等待的和田女士表示衷心感谢。托她的福，笔者写出了满意的作品。令笔者略感骄傲的是，目前尚未发现与本书相相似的、对贝叶斯推理的特色展开解说的其他书籍。此外，本书的编辑由同出版社的上村晃大先生负责，书中大量的图解和数学公式，导致排版困难的问题，多亏上村先生帮忙费心才得以顺利完成。

最后，本书中提到的商业人士和学生们，在此之后，将会运用贝叶斯推理，策划出怎样的商业方案，孕育出怎样的科学成果呢？对于接下来的几十年，笔者充满了期待。

小岛宽之
2015 年 10 月

参考文献

写给想学到更多知识的读者朋友们

以下为关于贝叶斯统计学方面的教材,适用于已经阅读过本书的读者

1 《图解入门 简单易懂的最新贝叶斯统计基础和构成》
松原望 著 | 秀和系统(2010年)

松原先生曾为笔者指导贝叶斯统计学的相关知识。本书为松原先生本人所著,为大家传授简单易懂的贝叶斯统计学的奥妙。在读完本书后,攻破这本书应该不费吹灰之力。

2 《贝叶斯统计入门》
松原望 著 | 东京图书(2008年)

本书为笔者接受松原先生指导时使用的教材(改订版)。笔者认为,在自己所阅读过的关于贝叶斯统计的书中,将理论与实践结合最完美的正是这本。因此,应该将掌握这本书的内容作为接下来的目标。

3 《贝叶斯统计入门》
繁枡算男 著 | 东京大学出版会(1985年)

该书虽然版本有些久远,但的确可以称得上从专业角度对贝叶斯统计进行专业解说的名著。该书对于主观概率,以及法律应用、悖论等方面都有所涉及,至于与内曼-皮尔逊统计学的关系,在书中也有充分体现。从数学观点来看,内容略有难度,但值得将这本书作为学习的长期目标。

4 《The Bayesian Choice》
Christian P.Robert 著 | Springer(2007年)

该书是贝叶斯统计学方面最高级别的教材。如果能读完这本书,基本上就能达到最专业的程度,不过,这需要具备相当高的数学水平。书

中对于经验贝叶斯方法、贝叶斯分层模型等最新研究进行了解释说明。

以下为关于贝叶斯统计学在其他领域应用的推荐书目

⑤ 《异端：贝叶斯统计学》
Sharon Bertsch McGrayne 著 富永星译 | 草思社（2013 年）

该书为严密彻底调查贝叶斯统计学历史的杰作。本书中的解说，有很多正是借鉴此书的内容。通过该书，可以了解到其他书籍未曾涉及的知识，如贝叶斯逆概率的发现过程、衰落原因、帮助其恢复名誉的学者们的简介，以及在高端商业领域的应用，等等。

⑥ 《随机构思法》
小岛宽之 著 NHK 书籍（2004 年）

该书介绍了贝叶斯统计学在经济学和社会思想方面的应用。该书在简要介绍贝叶斯统计学和内曼 – 皮尔逊统计学之间的差异的基础上，对于贝叶斯意思决定理论进行了解说，并应用于 Rawls 的社会思想。总之，这是一本极具刺激性的书。

⑦ 《好用的随机思考》
小岛宽之 著 筑摩新书（2005 年）

该书专门拿出一章讲解贝叶斯统计学的实践应用，尤其是关于贝叶斯逆概率在金融政策方面的应用，对于理解当前的金融形势一定会有所帮助。

⑧ 《意思决定理论入门》
Itzhak Gilboa 著 川越敏斯 – 佐佐木俊一郎 共同编译 | NTT 出版（2012 年）

该书是由现代贝叶斯意思决定理论的先行者编写的入门书籍。对于主观概率、选好理论、贝叶斯统计学与内曼-皮尔逊统计学的比较、行动经济学等，都进行了解说。

以下教材推荐给想要系统学习内曼-皮尔逊统计学的读者

⑨《完全自学 统计学入门》
小岛宽之 著 钻石社（2006 年）

笔者推荐这本内曼-皮尔逊统计学教材。该书的撰写手法与本书相同，尤其体现在不使用"概率"进行解说的方面，全凭实打实的本领。与本书关于概率解说的部分共同阅读，可以帮助加深理解。该书语言简洁、通俗易懂。发行 9 年以来，共计售出 10 万部，长期畅销。

⑩《初等统计学》
P.G. Hoel 著 浅井晃、村上正康 共译 培风馆（1981 年）

关于内曼-皮尔逊统计学的书有很多，而笔者在编写《完全自学统计学入门》时，最重要的参考文献之一便是该书。相比《完全自学统计学入门》而言，阅读该书更需要一些数学方面的知识。在理解统计学中的数学公式的基础上，进一步理解计算的意义、以及背后的思想，是很重要的。而该书在这一点上做得很好。

以下书目推荐给想要正式学习频度主义概率论的读者

⑪《概率攻略》
小岛宽之 著 Bluebox（2015 年）

在概率论领域，贝叶斯逆概率只能作为旁支，而主流则是"频度论概率"。该书在总结全面概率思想的基础上，对于频度论概率进行了初步解说。尤其值得一提的是，证明了"概数弱法则/强法则"。同时，该书也对于当下最新的概率理论"游戏论概率"进行了解说。

练习题参考答案

第1讲

各个类别的先验概率分别为，（a）=（0.4）、（b）=（0.6）

添加信息后的条件概率分别为，（c）=（0.8）、（d）=（0.2）

（e）=（0.1）、（f）=（0.9）

四种互不相同的情况的概率分别为，（g）=（0.4）×（0.8）=（0.32）

（h）=（0.4）×（0.2）=（0.08）

（i）=（0.6）×（0.1）=（0.06）

（j）=（0.6）×（0.9）=（0.54）

在观察到"**上前询问**"的2种情况中，恢复标准化条件，则

（g）:（i）=（0.32）:（0.06）=（$\frac{16}{19}$）:（$\frac{3}{19}$）

相加之和为1

观察到"**上前询问**"的情况下，该顾客为"来买东西的人"的后验概率 =（$\frac{16}{19}$）

第2讲

各个类别的先验概率分别为，（a）=（0.7）、（b）=（0.3）

添加信息后的条件概率分别为，（c）=（0.8）、（d）=（0.2）

（e）=（0.1）、（f）=（0.9）

四种互不相同的情况的概率分别为，（g）=（0.7）×（0.8）=（0.56）

（h）=（0.7）×（0.2）=（0.14）

（i）=（0.3）×（0.1）=（0.03）

（j）=（0.3）×（0.9）=（0.27）

将观察结果为"阳性"的两种可能性的概率进行标准化处理，则

（g）:（i）=（0.56）:（0.03）=（$\frac{56}{59}$）:（$\frac{3}{59}$）

相加之和为1

观察结果为"阳性"的情况下，患"流感"**的后验概率** =（$\frac{56}{59}$）

将观察结果为"阴性"的两种可能性的概率进行标准化处理，则

（h）:（j）=（0.14）:（0.27）=（$\frac{14}{41}$）:（$\frac{27}{41}$）

相加之和为1

观察结果为"阴性"的情况下,患"流感"的后验概率 = ($\frac{27}{41}$)

第3讲

各个类别的先验概率分别为,　(a) = (0.4)、(b) = (0.6)
添加信息后的条件概率分别为,(c) = (0.4)、(d) = (0.6)
　　　　　　　　　　　　　(e) = (0.2)、(f) = (0.8)
四种互不相同的情况的概率分别为,(g) = (0.4) × (0.4) = (0.16)
　　　　　　　　　　(h) = (0.4) × (0.6) = (0.24)
　　　　　　　　　　(i) = (0.6) × (0.2) = (0.12)
　　　　　　　　　　(j) = (0.6) × (0.8) = (0.48)

如果观察到"**送出**"这一行为的两种可能性的概率相加之和为1的话,那么

(g) : (i) = (0.16) : (0.12) = ($\frac{4}{7}$) : ($\frac{3}{7}$)

相加之和为1

"**送出巧克力**"情况下的"**真命天子**"的后验概率 = ($\frac{4}{7}$)

第4讲

各个类别的先验概率分别为,　(a) = (0.2)、(b) = (0.6)、(c) = (0.2)
添加信息后的条件概率分别为,(d) = 0.4,(e) = (0.6)
　　　　　　　　　　　　(f) = 0.5,(g) = (0.5)
　　　　　　　　　　　　(h) = 0.6,(i) = (0.6)
九种互不相同的情况的下,生女孩的概率分别为,
　　　　　　　　　(j) = (0.2) × (0.4) = (0.08)
　　　　　　　　　(k) = (0.6) × (0.5) = (0.3)
　　　　　　　　　(l) = (0.2) × (0.6) = (0.12)

如果将"生女孩"的三种情况下的概率进行标准化处理,那么

(j) : (k) : (l) = (0.08) : (0.3) : (0.12)
　　　　　　　 = (0.16) : (0.6) : (0.24)

相加之和为1

第5讲

（1）马马虎虎的人

（2）踏实认真的人、马马虎虎的人、踏实认真的人（前两空的答案可以互换）

第6讲

（1）当观察到小于显著水平 0.05 的概率时，抛弃假设检验，选择对立假设。

（2）当未观察到小于显著水平 0.01 的概率时，不能抛弃假设检验。

（3）从 A 壶中连续 2 次取出黑球的概率为 0.04×0.04=0.0016，观察到这个数值小于显著水平 0.01，因而抛弃假设检验，选择对立假设。（采用概率的乘法法则。关于这一点，在第 10 讲中有解说。）

第7讲

各个类别的先验概率分别为，（a）=（0.5）、（b）=（0.5）
添加信息后的条件概率分别为，（c）=（0.2）、（d）=（0.8）
（e）=（0.7）、（f）=（0.3）
四种互不相同的情况的概率分别为，（g）=（0.5）×（0.2）=（0.1）
（h）=（0.5）×（0.8）=（0.4）
（i）=（0.5）×（0.7）=（0.35）
（j）=（0.5）×（0.3）=（0.15）

观察到"黑球"的 2 种情况下的概率，使之满足标准化条件，为：

（g）:（i）=（0.1）:（0.35）=（$\frac{2}{9}$）:（$\frac{7}{9}$）

观察到"黑球"的情况下**"该壶为 A 壶"**的概率 =（$\frac{2}{9}$）

观察到"黑球"的情况下**"该壶为 B 壶"**的概率 =（$\frac{7}{9}$）

综合上述，能够得出该壶为（B）的结论。

第8讲

假设 p=0.4，那么

（2次针头朝上，1次平头朝上的概率）

＝3（0.4）²×（0.6）＝（0.288）…（1）

假设 p=0.7，

（2次针头朝上，1次平头朝上的概率）

＝3（0.7）²×（0.3）＝（0.441）…（2）

这里，由于在和中，((2))更大，依据极大似然原理，如果最终要选择其中一个作为答案的话，则 p=（0.7）较为合适。

第9讲

"**选择** A 帘且开 B"的概率 ＝（$\frac{1}{4}$）×（$\frac{1}{3}$）＝（$\frac{1}{12}$）

"**选择** C 帘且开 B"的概率 ＝（$\frac{1}{4}$）×（$\frac{1}{2}$）＝（$\frac{1}{8}$）

"**选择** D 帘且开 B"的概率 ＝（$\frac{1}{4}$）×（$\frac{1}{2}$）＝（$\frac{1}{8}$）

于是，如果要使其满足正轨化条件，那么在获得信息"B 帘被打开"的情况下，各后验概率为：

"**汽车在** A 帘后面的后验概率"＝（$\frac{1}{4}$）

"**汽车在** C 帘后面的后验概率"＝（$\frac{3}{8}$）

"**汽车在** D 帘后面的后验概率"＝（$\frac{3}{8}$）

因此结论是，应该（移动）帘子为宜。

第10讲

(1)（$\frac{1}{6}$）×（$\frac{1}{6}$）＝（$\frac{1}{36}$）

(2)（$\frac{1}{2}$）×（$\frac{1}{3}$）＝（$\frac{1}{6}$）

第11讲

(1) （患癌症且通过检查方法1检查出阳性）的概率

＝（0.001）×（0.9）＝（0.0009）…（a）

（健康且通过检查方法1检查出阳性）的概率

= (0.999) × (0.1) = (0.0999) ··· (b)

以上（a）和（b）的比值满足标准化条件

（a）:（b）

$$= \frac{(0.0009)}{(0.0009)+(0.0999)} : \frac{(0.0999)}{(0.0009)+(0.0999)}$$

= (0.0089) : (0.9911)

当通过检查方法1检查出阳性时，

患癌症的后验概率 = (0.009)

（2）（患癌症且通过检查方法1、2均检查出阳性）的概率

= (0.001) × (0.9) × (0.7) = (0.00063) ··· (c)

（健康患癌症且通过检查方法1、2均检查出阳性）的概率

= (0.999) × (0.1) × (0.2) = (0.01998) ··· (d)

上面的（c）和（d）的比值满足标准化条件

（c）:（d）

$$= \frac{(0.00063)}{(0.00063)+(0.01998)} : \frac{(0.01998)}{(0.00063)+(0.01998)}$$

= (0.03) : (0.97)

当通过检查方法1、2均检查出阳性时，

患癌症的后验概率 = (0.03)

第12讲

根据收到巧克力这一信息进行修改

（真命天子＆送出巧克力）的概率 = (0.5) × (0.4) = (0.2) ··· (a)

（无关路人＆送出巧克力）的概率 = (0.5) × (0.2) = (0.1) ··· (b)

收到巧克力之后的后验概率

（真命天子的概率）:（无关路人的概率） = (a) : (b) = ($\frac{2}{3}$) : ($\frac{1}{3}$) ··· (c)

在把（c）设定为先验概率的基础上，当频繁收到邮件的情况下，修改为

（真命天子＆频繁发送）的概率 = ($\frac{2}{3}$) × (0.6) = (0.4) ··· (d)

（无关路人＆频繁发送）的概率 = ($\frac{1}{3}$) × (0.3) = (0.1) ··· (e)

把（c）设定为先验概率，当频繁收到邮件的后验概率
（真命天子的概率）:（无关路人的概率）=（d）:（e）=（0.8）:（0.2）…（f）
设定先验概率为各自0.5时，在"收到巧克力且频繁收到邮件"的情况下进行修改，
（真命天子&送出巧克力&频繁发送）的概率=（0.5）×（0.4）×（0.6）=（0.12）…（g）
（无关路人&送出巧克力&频繁发送）的概率=（0.5）×（0.2）×（0.3）=（0.03）…（h）
在"收到巧克力且频繁收到邮件"的情况下，后验概率为
（真命天子的概率）:（无关路人的概率）=（g）:（h）=（0.8）:（0.2）…（i）
这里的（f）和（i）是一致的，这体现了序贯理性。

第13讲

$a':b' = a \times (0.9) : b \times (0.2) = (9a) : (2b)$

使其满足标准化条件，则：

$a':b' = \dfrac{(9a)}{(9a+2b)} : \dfrac{(2b)}{(9a+2b)}$

从这个式子中，能够知道a'比a（大）、b'比b（小）。

第14讲

p（A or B）=p（A）+p（B）−p（C）

说明：图中2个长方形合并组成的图形面积为，长方形A的面积与长方形B的面积之和，因此，结果与减去重叠部分长方形C的面积相等。

第15讲

p（癌症&阳性）=p（癌症）×p（阳性|癌症）　　…（1）
p（癌症&阳性）=p（阳性）×p（癌症|阳性）　　…（2）
p（健康&阳性）=p（健康）×p（阳性|健康）　　…（3）
p（健康&阳性）=p（阳性）×p（健康|阳性）　　…（4）
此时，从（1）和（3）中，可以得出：
　p（癌症&阳性）:p（健康&阳性）
=p（癌症）×p（阳性|癌症）:p（健康）×p（阳性|健康）　　…（5）

从(2)和(4)中，可以得出：
p(癌症 & 阳性)：p(健康 & 阳性)
= p(癌症 | 阳性)：p(健康 | 阳性)   …(6)
从(5)和(6)中，可以得出：
p(癌症 | 阳性)：p(健康 | 阳性)
= p(癌症) × p(阳性 | 癌症)：p(健康) × p(阳性 | 健康)
左边为后验概率之比，右边为通过先验概率和条件概率中算出来的比值。

第16讲

(1) $p(0.2 \leq x < 0.7) = (0.5)$

(2) $p((0.1 \leq x < 0.4) \text{ or } (0.5 \leq x < 0.9))$
   $= (0.4-0.1) + (0.9-0.5) = 0.3+0.4 = (0.7)$

(3) $p((0.3 \leq x < 0.7)$ 与 $(0.4 \leq x < 0.8)$ 的重叠部分$)$
   $= p((0.4 \leq x < 0.7) = 0.7-0.4 = (0.3)$

第17讲

(1) $12 \times \dfrac{1}{2} \times \dfrac{1}{2} \times \dfrac{1}{2} = \dfrac{3}{2}$ (2) $12 \times \dfrac{1}{3} \times \dfrac{1}{3} \times \dfrac{2}{3} = \dfrac{8}{9}$

(3) $12 \times 1 \times 1 \times 0 = 0$

第18讲

(1) $(10000) \times (0.01) + (5000) \times (0.03) + (100) \times (0.1) = (260)$ 日元

(2) 由于为 $\alpha = 8$、$\beta = 4$ 时的贝塔分布，因此期待值为：
$$\dfrac{(8)}{(8)+(4)} = \left(\dfrac{2}{3}\right)$$

第19讲

把先验分布设为均匀分布，即设为：
 y = (1)

此时，在"有效果"的概率密度 x 的基础上，按照特定的顺序，根据 4 人有效果、6 人没有效果这养的结果概率，可以从 4 个 x 和 6 个 $(1-x)$ 的乘法运算中得出：

$y = x^{(4)}(1-x)^{(6)}$

因此，根据标准化条件，后验概率的概率分布是可以用合适的常数表示为：

$y = （常数） x^{(4)}(1-x)^{(6)}$

即为 $\alpha = (5)$、$\beta = (7)$ 的贝塔分布。计算该贝塔分布的平均值，为：

（药有效果的概率）$= \dfrac{(5)}{(5)+(7)} = \left(\dfrac{5}{12}\right)$

第20讲

（1）由于正态分布以平均值为中心左右对称，因此：

$p(0 \leq z \leq 1) = p(-1 \leq z \leq 1) \div (2) = (0.3413)$

（2）$p(5 \leq x \leq 8) = p\left(\dfrac{5-(5)}{(3)} \leq \dfrac{x-(5)}{(3)} \leq \dfrac{8-(5)}{(3)}\right)$
$= p((0) \leq z \leq (1))$

根据上述结果，并使用（1）中的答案，可以求出（0.3413）。

（3）根据 $\mu=5$、$\sigma=3$ 的正态分布，对被观测到的数值进行 16 次观察，假设其 16 个的数值的平均值为 $\bar{x}$。此时，$\bar{x}$ 遵循平均值（5）、标准偏差 $\left(\dfrac{3}{4}\right)$ 的正态分布。

第21讲

（1）$\dfrac{\dfrac{1}{(20)^2} \times (130) + \dfrac{1}{(10)^2} \times (140)}{\dfrac{1}{(20)^2} + \dfrac{1}{(10)^2}} = (138)$

（2）$\dfrac{\dfrac{1}{(20)^2} \times (130) + \dfrac{2}{(10)^2} \times (140)}{\dfrac{1}{(20)^2} + \dfrac{2}{(10)^2}} = (138.9)$